디지털 소양을 기르는
인공지능
수업디자인

박재찬

교사들의 PBL 수업, AI·디지털 활용 수업을 지원하는 PBL PLANET의 대표입니다. 한국교원대학교 대학원에서 교육과정 및 교육평가를 전공하였습니다.

학교 안에서는 인공지능 교육 선도학교와 AI 동아리를 운영하고 있습니다. 학교 밖에서는 2022 개정 교육과정총론 핵심교원, 디지털리터러시 핵심교원, AIEDAP 마스터 교원 퍼실리테이터, AI 미래교육현장지원단 등으로 활동하고, AI 정보영재교육원에서 학생들을 지도하고 있습니다.

국가교육과정정책 추진 유공 부총리 겸 교육부 장관 표창을 받았고, 한국교육학술정보원에서 주최한 에듀테크소프트랩 우수 실증 사례 공모전에서 우수상을 수상했습니다. 지은 책으로『학생참여수업, 배움을 디자인하다』『초등 수학, 문해력이 답이다』『누구나 쉽게 따라 할 수 있는 블렌디드 수업』(공저) 등 20여 권이 있습니다.

디지털 소양을 기르는
인공지능 수업디자인

초판 1쇄 발행 2023년 9월 8일
초판 2쇄 발행 2024년 9월 27일
지은이 박재찬
펴낸이 이형세
펴낸곳 테크빌교육㈜
책임편집 이윤희 | **편집** 김계옥 | **디자인** 이든디자인
테크빌교육 출판 서울시 강남구 언주로 551, 5층 | **전화** (02)3442-7783 (142)

ISBN 979-11-6346-181-4 (03370)
책값은 뒤표지에 있습니다.

테크빌교육 채널에서 교육 정보와 다양한 영상 자료, 이벤트를 만나세요!
블로그 blog.naver.com/njoyschoolbooks　　**페이스북** facebook.com/teacherville
티처빌 teacherville.co.kr　　**쌤동네** ssam.teacherville.co.kr

이 책의 무단 전재와 무단 복제를 금합니다.
잘못 만들어진 책은 구입하신 서점에서 교환해드립니다.

2022 개정 교육과정 기반

디지털 소양을 기르는
인공지능 수업디자인

박재찬(달리쌤) 지음

테크빌교육

저자 서문

2022 개정 교육과정 기반
AI·디지털 활용 수업 아이디어 노트

인공지능 시대, 어떤 수업을 해야 할까?

생성형 인공지능 챗GPT가 쏘아 올린 공이 현재 우리 사회 산업계 전반, 나아가 교육계에도 큰 변화를 가져왔습니다. 뉴스, 신문, 유튜브를 포함한 각종 매체에서 챗GPT 관련 콘텐츠가 엄청나게 쏟아지고 있습니다. 불과 얼마 전까지만 하더라도 '인공지능' 하면 움직임이 어수룩한 로봇이나 사람의 말을 잘못 알아듣고 엉뚱한 소리를 하는 기계가 떠올랐습니다. 교사들과는 상관없는 과학자나 공학자들의 전문 연구 분야라고 생각하는 경우가 많았습니다. 그런데 미국의 인공지능 개발사 OpenAI에서 만든 인공지능 언어 모델을 기반으로 하는 챗봇인 챗GPT의 등장으로 막연하게만 느껴졌던 인공지능 로봇의 실체에 관심이 집중되었습니다. 챗GPT는 사회 전 분야에서 가장 인기 있는 키워드가 되었습니다. "앞으로는 챗GPT를 잘 사용하는 사람과 그렇지 못한 사람으로 나뉠 것이다."라는 말과 함께 많은 사람이 "인공지능이 대체할 직업"에 귀 기울이게 되었습니다.

학교 현장도 예외가 아닙니다. 교사들은 "학교 생활기록부를 챗GPT로 쓰는 시대", "인공지능 선생님과 공부하는 교실"과 같은 주제로 진지하게 대화합니다. 학생 1인 1태블릿PC 보급으로 교실 수업에서 태블릿을 어떻게 활용하면 좋을지, 어떤 인공지능 소프트웨어를 활용하여 더 효과적이고 창의적인 수업을 할지, 아이들에게 디지털 윤리는 어떻게 알려줄지 등에 대해 논의하고 관련 지식과 경험을 공유합니다.

2022 개정 교육과정, 학습의 기초가 된 디지털 소양

디지털 전환, 인공지능 기술 발전 등의 사회 분위기는 학생들의 디지털 소양에 관한 관심으로 번졌습니다. 여기에는 학생들의 디지털 기기 사용 빈도가 높아진 것도 한몫했습니다. 예전에는 드문드문 가지고 있던 스마트폰을 이제는 대부분의 초등학생이 다 가지고 있습니다. 초등학교 저학년 때부터 스마트폰을 쓰다 보니, 중학년만 되어도 스마트폰을 자유자재로 사용할 수 있습니다. 하루에도 수십 번씩 디지털 메시지를 주고받고 SNS에서 자신을 노출합니다. 궁금한 게 있으면 어른에게 물어보는 게 아니라 인터넷 검색을 통해 직접 찾아보며 지식을 얻습니다. 결국 디지털 키즈(Digital Kids)인 요즘 아이들에게서 디지털을 분리한다는 건 상상하기 어려운 일이 되어버렸습니다.

이러한 교육을 둘러싼 환경의 변화에 맞춰 교육부에서는 디지털 소양을 언어 소양, 수리 소양과 함께 학습의 기초로 제시하였습니다.

다. 모든 학생이 학습의 기초인 언어·수리·디지털 기초소양을 갖출 수 있도록 하여 학교 교육과 평생 학습에서 학습을 지속할 수 있게 한다.

디지털 소양이 어느새 읽고, 쓰고, 셈하는 것만큼 중요한 소양이 되었습니다. 실제로 요즘 초·중·고등학교에서 이루어지는 많은 수업, 평가가 디지털을 기반으로 운영됩니다. 컴퓨터로 작성한 보고서, 스마트폰으로 촬영한 영상, 디자인 플랫폼을 이용해 만든 발표 자료나 카드 뉴스. 이러한 학습 결과물은 기본적인 디지털 소양이 있어야 제출할 수 있는 것들입니다. 그뿐만이 아닙니다. 학교를 졸업한 뒤, 취업한 뒤에도 계속해서 무언가를 배워야 하는데 그때도 디지털 소양이 필요합니다.

디지털 소양을 '학습의 기초'라고 표현한 것은 과언이 아닙니다. 그런 점에서 앞으로의 수업은 학생들의 디지털 소양을 기르는 쪽으로 설계·운영되어야 합니다. 이를 위해 교사들에게는 이러한 수업을 디자인할 수 있는 역량이 필요합니다.

디지털 소양을 기르는 인공지능 수업디자인

"학생들의 디지털 소양을 길러주려면 교사가 디지털과 관련된 학습 결과물을 만들 수 있어야 하고, 인공지능에 대해서도 어느 정도 알고 있어야 할 것 같아요. 그래서 부담이 되네요. 교사가 스마트해야 할 것 같은데, 사실 제가 컴맹이거든요."

이 책은 이런 분들을 위한 책입니다. 자칭 '컴맹'인 교사, 디지털 기기 울

령증이 있는 교사, 학교 한구석에 쌓여 있는 태블릿 PC를 어떻게 써야 할지 도무지 모르겠는 교사, 디지털보다는 아날로그가 편한 교사, 인공지능을 활용한 수업을 설계·운영하는 게 막막한 교사. 이 책은 디지털 기기를 활용한 수업, 인공지능을 활용한 수업에 이제 막 관심을 가지기 시작한 초심자분들을 어떻게 도울 수 있을지를 고민하며 쓴 책입니다.

이 책의 1부는 학교를 둘러싼 세상의 변화와 인공지능 기술, 디지털 기반 교수·학습 혁신에 대한 내용을 담고 있습니다. 2부에서는 미디어 리터러시에서 디지털 리터러시, 그리고 디지털 소양의 개념을 설명하고 디지털 소양을 기르는 인공지능 활용 수업에 대해 설명합니다. 나아가 막연히 인공지능 활용 수업에 대해 부담을 가진 교육자들을 위해 인공지능 활용 수업 마인드셋 7가지를 안내합니다. 3~6부는 인공지능을 활용한 이미지, 브이로그, 영상 제작 수업 사례를 담고 있습니다. 부록으로 2022 개정 교육과정 기반 AI·디지털 활용 수업 아이디어 노트와 학습 결과물 제작을 위한 AI·디지털 도구와 배움주제 예시를 실었습니다.

2022 개정 교육과정은 국어, 수학, 사회, 과학, 미술, 실과 등 전 수업에서 디지털 기기를 활용할 수 있는 여지를 폭넓게 열어주었습니다. 그 결과, 학생들에게는 인공지능 기술을 포함한 디지털 기술을 활용하여 조금 더 창의적인 결과물을 생성할 기회가 생겼습니다. 그래서 이 책에서 소개하는 수업 사례는 2024년부터 새롭게 적용되는 2022 개정 교육과정 성취기준에 기반하여 설계·실행·평가할 수 있는 수업들입니다. 또한 이 책에서는 다양한 인공지능 소프트웨어, 디자인·영상 제작 소프트웨어 등을 소개합니다. 그런데 '어떤 소프트웨어를 사용하느냐'는 그다지 중요하지 않습니다. **정말 중요한 건 '도구를 이용해서 어떤 수업을 하고, 어떻게 수업하느냐'입니다.**

교사의 전문성은 '최신 기술, 최신 도구를 많이 알고 있느냐'보다 '수업을 어떻게 설계·운영하느냐'에서 발휘된다는 점을 꼭 기억해주시길 바랍니다.

이 책을 쓰는 내내 다음과 같은 생각을 했습니다. "딱딱한 교육학 도서의 느낌보다는 연구실에서 옆 반 선생님과 이야기 나누는 것처럼 최대한 친근하고, 쉽게 쓰자." "이론적인 이야기보다는 교실에서 바로 쓸 수 있는 현실적이고 실제적인 이야기들만 담자." 그러니 부담 느끼지 않고 느긋한 기분으로 읽어주셨으면 합니다.

끝으로 이 책이 "어떻게 하면 학생들의 디지털 소양을 길러줄 수 있을까? 인공지능을 활용하여 어떤 수업을, 어떻게 디자인할 수 있을까?"와 같은 고민에 빠진 교육자 분들에게 도움이 되길 바랍니다. 더불어 전국의 교육자 분들이 2022 개정 교육과정에 기반한 수업을 설계·운영하시는 데, 2022 개정 교육과정에서 새롭게 등장한 학교자율시간을 더욱 알찬 배움으로 채우는 데도 작은 보탬이 되었으면 합니다.

자, 그럼 지금부터 디지털 소양을 기르는 인공지능 수업디자인 속으로 여행을 떠나볼까요?

박재찬(달리쌤) 올림

차례

저자 서문

PART 1

챗GPT 시대, 인공지능 교육을 주목하는 이유

알파세대의 뇌 • 14

메타버스, 그리고 마인크래프트와 로블록스 • 20

디지털 프로슈머 • 28

인공지능 교육의 시대 • 32

학생 1인 1태블릿PC • 39

디지털 문해력 교육 • 46

디지털 기반 교수·학습 혁신 • 53

PART 2

2022 개정 교육과정과 디지털 소양 교육

디지털 소양 교육이란? ◆ 62

2022 개정 교육과정과 디지털 소양 교육 ◆ 70

미디어 리터러시와 디지털 리터러시 ◆ 79

디지털 소양을 기르는 인공지능 활용 수업 ◆ 86

인공지능 활용 수업 마인드셋 ◆ 91

PART 3

인공지능과 친해지기

인공지능을 가르치는 게 두려운 분에게 ◆ 116

찍으며 배우는 인공지능 활용 수업: 이미지 ◆ 119

말하며 배우는 인공지능 활용 수업: 음성 ◆ 124

움직이며 배우는 인공지능 활용 수업: 동작 ◆ 128

알아두면 쓸모 있는 인공지능 정보 ◆ 132

PART 4

인공지능 활용 수업 – 이미지 편

이모티콘 만들기 ◆ 140

인공지능과 함께 네 컷 동화 만들기 ◆ 154

새해 카드 만들기 ◆ 162

우리 반 로고 만들기 ◆ 170

PART 5

인공지능 활용 수업 – 브이로그 편

가정일 브이로그 만들기 • 184

공부 브이로그 만들기 • 195

한 그릇 음식 브이로그 만들기 • 203

PART 6

인공지능 활용 수업 – 영상 편

우리 학교 문제 해결 영상 만들기 • 214

홈쇼핑 영상 만들기 • 222

수학 문제 풀이 영상 만들기 • 232

인공지능 아바타로 속담 소개 영상 만들기 • 240

2022 개정 교육과정 기반 AI·디지털 도구 활용 수업 아이디어 노트 • 250

학습 결과물 제작을 위한 기반 AI·디지털 도구와 배움주제 예시 • 265

참고문헌 • 267

PART 1

챗GPT 시대, 인공지능 교육을 주목하는 이유

알파세대의 뇌

"알파세대(Generation Alpha)란 2010년 이후에 출생한 세대를 말한다."

몇 해 전부터 'MZ세대'라는 단어가 우리 주위를 휩쓸고 있습니다. 밀레니얼 세대(M세대)와 Z세대를 결합한 이 단어는 2022년 기준으로 10대 후반부터 40대 초반의 사람을 일컫는 말입니다. 흔히 M세대는 1990년대 중반, Z세대는 1990년대 중반부터 2009년 사이에 태어난 사람들을 말합니다. 그렇다면 2010년 이후 출생한 학생들을 가리키는 단어는 없을까요? 있습니다. 알파세대(Generation Alpha)라는 단어입니다.

MZ세대가 베이비붐 세대나 X세대와 차이점을 가지듯이 알파세대도 MZ세대와는 다른 환경, 사회 분위기 속에서 자라고 있습니다. 지금의 30대가 겪은 초등학교 시절과 지금 10대의 초등학교 시절이 같을 순 없겠죠? 그렇다면 알파세대는 기존의 세대와 어떤 차이점을 가질까요? 먼저 알파세대의 특징을 이야기하기 전에 그들의 머릿속을 함께 살펴보겠습니다.

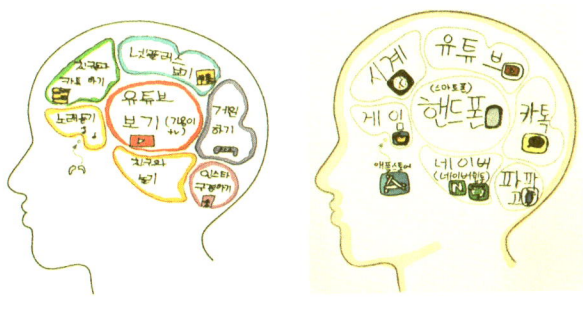

알파세대의 뇌 구조도

알파세대의 뇌를 가득 채우고 있는 건 모두 스마트폰, 디지털 세상과 관련된 주제들입니다. 말을 배우기 전부터 유튜브의 '광고 건너뛰기'를 누를 수 있는 알파세대답죠? 알파세대들은 친구와 놀기보다 유튜브 영상 보기를 더 우선시합니다. 친구와 직접 만나 이야기하는 것보다 스마트폰으로 메시지를 주고받는 걸 선호하기도 하죠.

알파세대는 어떤 세대일까?

알파세대의 특징 1: 골드 키즈

알파세대가 지닌 특징을 대변하는 단어로 '골드 키즈(Gold kids)'가 있습니다. 말 그대로 금 같은 아이, 요즘 말로 '금쪽이'라고 해야 할까요? 출산율 감소로 인해 한 가정에 한 아이가 대세가 되면서 외동아이가 왕자, 공주 대접을 받으며 자랍니다. 이 아이들을 가리켜 골드 키즈라고 합니다.

집안에 아이가 하나밖에 없다 보니 이 아이들은 어렸을 때부터 자기가 원하는 건 마음껏 가질 수 있습니다. 부모님이 안 사준다면 할아버지나 할머니에게 이야기하면 되니까요. 그래서 알파세대들은 스마트폰의 대중화라는 사회적 분위기와 맞물려 어렸을 때부터 스마트폰, 태블릿PC 같은 고가의 기기를 쉽게 갖게 되었습니다.

실제로 정보통신정책연구원(KISDI)의 자료에 따르면 스마트폰을 가진 초등 저학년 학생의 비율은 2015년부터 점점 늘어나고 있습니다.* 초등학교 1학년 학생들이 가방에서 100만 원이 넘는 아이폰을 꺼내 부모님과 통화하는 모습, 초등학교 3, 4학년 학생들이 200만 원에 가까운 아이패드 프로를 갖고 있는 모습이 낯설지 않은 광경이 되었습니다.

골드 키즈인 알파세대는 어렸을 때부터 스마트 기기를 접하다 보니 스마트 기기를 활용하는 것에 익숙하고, 친구들과 노는 시간보다 스마트 기기와 함께 노는 시간이 더 많습니다.

알파세대의 특징 2: 영상 매체에 익숙

패밀리 레스토랑에서 스마트폰으로 유튜브를 보고 있는 서너 살 아이들을 보신 적 있나요? 육아하는 부모들 사이에서 유튜브는 끊을 수 없는 중독과도 같습니다. 보여주지 말자고 다짐을 하고서도 어쩔 수 없이 보여줄 수밖에 없죠. 이렇듯 알파세대는 어렸을 때부터 영상 매체를 접하면서 자랍니다.

요즘은 한글 공부할 때 책으로 안 합니다. 유튜브에서 나오는 영상을 보

---

*미디어통계포털(2020), '스마트폰 보유율 91% 초등학생 및 고령층의 보유율 꾸준히 상승'. (stat.kisdi.re.kr/kor/board/BoardList.html?board_class=BOARD17&srcContClass=STRP002)

며 기억, 니은을 배우죠. 영상과 이미지를 통해 학습하는 건 세계적인 흐름입니다. MZ세대가 한글을 배우던 때와는 다릅니다. MZ세대가 부모님과 함께 책을 보고 공책에 써가며 한글을 배웠다면, 알파세대는 유튜브 속에 나오는 캐릭터를 통해 한글을 배웁니다.

한글뿐만이 아닙니다. 수세기를 배울 때나 곱셈구구를 배울 때도 마찬가지입니다. 교육용 완구 회사에서는 수세기 교구를 판매하기 위해 유튜브 애니메이션을 만드는 데 많은 공을 들입니다. 키즈 채널에서 제작한 곱셈구구 영상을 보고 있으면 '진짜 잘 만들었네.'라는 생각이 절로 듭니다.

알파세대는 말이 트이기 전부터 영상 매체를 접하며 자랍니다. 그래서 글보다 영상이 익숙합니다. 알파세대는 유튜브에 검색어를 입력하고 영상으로 단어의 의미를 이해합니다.

알파세대의 특징 3: 길이가 짧은 미디어에 익숙

성인들 사이에서는 유튜브가 SNS 시장의 패권을 잡고 있지만, 그 뒤를 무섭게 추격하는 플랫폼이 있으니 틱톡(TikTok)이라는 플랫폼입니다. 틱톡은 중국의 IT 기업인 바이트댄스에서 개발한 동영상 플랫폼으로 유튜브와는 다르게 짧게는 15초에서 길게는 1분 정도 길이의 영상 콘텐츠를 공유하는 플랫폼입니다. 유튜브 쇼츠(Shorts)와 비슷하죠? 실제로 유튜브 쇼츠는 틱톡에 대응하기 위해 유튜브에서 2020년에 만든 서비스라고 합니다.

요즘 초등학생들 사이에서는 틱톡이 대세입니다. 유튜브와 비교해 영상 길이가 짧아서 더욱 빠르고 쉽게 영상을 만들거나 소비할 수 있기 때문입니다. 긴 글보다 짧은 글을 선호하는 사람들이 늘어난 것처럼 영상 소비자들도 긴 영상보다 짧은 영상에 익숙해지고 있습니다.

짧은 영상의 선호는 짧은 집중력과도 연결됩니다. 글처럼 영상에도 맥락이라는 게 있는데 영상의 길이가 짧아지면 그만큼 이해해야 할 맥락의 분량도 줄어들게 됩니다. 길이가 짧은 미디어만 계속해서 소비하다 보면 집중력도 그만큼 부족해질 수밖에 없습니다. 3시간 분량의 영화를 보는 것과 15분 분량의 영화를 보는 것의 차이라고 생각하시면 이해하기 쉬우실 겁니다. 실제로 초등학생들에게 20분이 넘는 영상을 보여줬더니 15분 정도가 지나자 급격하게 몰입도가 떨어졌던 경험이 있습니다.

이런 점으로 미루어보아 알파세대는 하나의 콘텐츠를 오랜 시간 보는 것을 어려워할 가능성이 큽니다. 물론 알파세대는 이제 태어나거나 자라는 세대이기 때문에 학문적으로 연구된 데이터는 부족합니다. 그렇지만 제가 초등학교 현장에서 부딪히며 느낀 바로는 지금의 초등학생들은 어른이 되면 길이가 긴 영상을 볼 때 집중력이 떨어지거나 금방 질려 할 가능성이 큽니다. 또한 이런 경향은 학습과 관련된 부분에서도 발현되어 현재 초등학생들이 자라서 고등학생이 됐을 때 만들어지는 학습 콘텐츠들은 길이가 더 짧아질 것으로 생각됩니다.

알파세대를 위한 교수법

미래를 예상할 수 없는 것처럼 알파세대가 어떤 특징을 가진 세대가 될지는 그 누구도 확언할 수 없습니다. 단지, 알파세대를 둘러싸고 있는 사회문화적 환경, 미래 디지털 환경의 변화 양상, 알파세대의 소비 행태 등을 통해 그들이 어떤 특성을 가지게 될지 어렴풋하게 가늠해볼 뿐이죠.

모호한 상황 속에서 변하지 않는 한 가지 사실은 알파세대는 기성세대와는 다른 삶을 살게 되리라는 것입니다. 그들은 스마트 기기를 활용하여 어디서나 정보통신 환경으로 들어갈 수 있습니다. 현실 세계와 가상 세계가 섞여 있는 메타버스에서 시간을 보내고 인공지능 챗봇이 친구이자 도구인 알파세대에게는 기성세대와는 다른 교수·학습 방법이 필요합니다.

문득 철학자 존 듀이가 남긴 말이 떠오르네요.

"만약 우리가 오늘의 학생을 어제처럼 가르친다면 우리는 그들의 내일을 빼앗는 것이다.(If we teach today as we taught yesterday, we rob our children of tomorrow.)"

메타버스, 그리고 마인크래프트와 로블록스

"SNS(Social Network Service/Sites)란 온라인상에서 사람들의
흥미에 따라 관계망을 쌓게 해주는 서비스다."

M세대가 어렸을 때는 SNS 서비스가 없었습니다. 싸이월드, 세이클럽과 같이 SNS의 모태가 되어 준 플랫폼이 있긴 했지만, 요즘 사용하는 인스타그램, 페이스북, 유튜브, 왓츠앱, 트위터, 밴드와 같은 느낌은 아니었죠. 게다가 그 시절에는 PC 앞에 앉아 있어야만 서비스를 이용할 수 있었습니다. 그런데 요즘 알파세대는 스마트 기기로 걸어 다니면서 자신이 좋아하는 사진이나 영상에 공감 버튼을 누릅니다. 언제, 어디서나 댓글을 달며 자유롭게 자기 생각을 표현하는 게 알파세대의 특징입니다.

알파세대는 디지털 환경이 완벽하게 갖추어진 상태에서 세상에 태어나 살아가고 있습니다. 그렇다 보니 스마트폰으로 SNS 애플리케이션을 사용하는 비중이 매우 높죠. 실제로 초등학교 1, 2학년 학생들도 카카오톡으로

친구들과 시간 약속을 잡습니다. 3, 4학년 학생들은 페이스북이나 인스타그램에 사진을 올리며 놉니다. 5, 6학년들은 직접 영상을 찍고 편집해서 유튜브나 틱톡에 공유하며 놉니다. 초등학교 고학년 학생들 중에는 성인들이 하는 것처럼 인스타그램 릴즈나 틱톡, 유튜브 쇼츠로 짧은 안무 영상을 공유하는 학생들이 많습니다.

알파세대와 SNS

알파세대에게 SNS는 일종의 놀이터입니다. 과거에는 진짜 놀이터에 나가 숨바꼭질을 하고 놀았다면 요즘에는 SNS라는 놀이터에서 사진이나 영상을 공유하고, 메시지를 보내고, 댓글을 달면서 놉니다. 그래서 초등학생뿐만 아니라 중학생들이 가장 싫어하는 가혹한 벌이 스마트폰 사용 중지나 스마트폰 압수입니다.

이처럼 10대들 사이에서 SNS가 인기를 끌게 된 이유는 사용자 인터페이스(UI)가 편리하기 때문입니다. 요즘 인기를 끄는 SNS들은 사진이나 영상을 너무나도 쉽게 공유할 수 있는 구조를 갖추고 있습니다. 인스타그램을 떠올려보세요. 타인이 올린 콘텐츠(사진, 영상)를 굉장히 편하게 볼 수 있지 않나요? 엄지손가락으로 스마트폰 화면만 쓸어올리면 무수히 많은 콘텐츠를 짧은 시간에 볼 수 있습니다. 콘텐츠를 업로드하는 것도 매우 간단합니다. 터치 몇 번으로 내가 찍은 사진이나 영상을 얼마든지 올릴 수 있습니다. 초등학생들도 금세 익힐 수 있을 만큼 직관적이고 간단합니다.

지금처럼 스마트폰이 보급되기 전에는 온라인상에 내가 찍은 사진이나 영상을 올린다는 게 그리 쉬운 일이 아니었습니다. 수백만 원짜리 DSLR 카메라로 찍은 사진을 USB 포트에 연결하여 PC에 옮겨야만 온라인상에 올릴 수 있었습니다. 사진을 찍어 온라인에서 공유하는 데까지 드는 비용도 많이 들고 절차도 복잡했습니다. 영상은 더했습니다. 영상 촬영과 편집은 전문가들만 할 수 있는 영역이었죠.

그런데 요즘은 어떤가요? 초등학생들도 사진을 찍어 온라인상에 공유할 수 있습니다. 사진뿐만이 아니죠. 스마트폰 성능이 워낙 좋아서 스마트폰만으로도 고품질의 영상을 찍을 수 있습니다. PC로만 가능하던 영상 편집도 이제는 스마트폰 애플리케이션만으로 가능합니다. 번거롭게 여겨지던 자막 처리도 영상 편집 애플리케이션 속에서 깔끔하게 할 수 있습니다. 그리고 이렇게 만든 사진과 영상 콘텐츠를 SNS를 통해 전 세계 사람들과 자유롭게 공유할 수 있습니다. 콘텐츠 제작과 공유의 진입 장벽 자체가 낮아진 것입니다.

정리해보자면, SNS의 확산 및 테크놀로지 기기의 발달로 인해 누구나 콘텐츠를 만들 수 있는 시대가 열렸습니다. 이 시대를 이끌어갈 주인공이 바로 알파세대이고, 알파세대에게 콘텐츠 제작은 휴식이자 놀이이자 일입니다.

SNS의 확산

▼

사진, 영상의 공유가 쉬워짐

▼

콘텐츠 제작의 진입 장벽이 점점 낮아짐

▼

누구나 콘텐츠를 만들 수 있는 시대의 도래

마인크래프트와 로블록스

"마인크래프트(Minecraft) 해본 적 있는 친구, 손 들어볼래요?"

이 질문 하나면 순식간에 초등학교 교실을 소란스럽게 만들 수 있습니다. 하나의 질문으로 교실 곳곳에서 "당연히 해봤죠, 어제도 했는데요."라거나 "예전에는 많이 했는데, 요즘엔 별로 안 해요." 하는 이야기가 끝없이 이어지는 걸 목격하실 수 있을 겁니다.

2020년 기준으로 역대 가장 많이 팔린 비디오 게임으로 꼽힌 마인크래프트는 여전히 전 세계에서 엄청난 인기를 끌고 있으며, 비슷한 형식의 다른 게임들이 만들어지는 효시가 된 게임으로 유명합니다. 지금 이 시각에도 무수히 많은 유저(user)들이 게임을 하고 있으며, 수많은 유튜버가 마인크래프트 게임과 관련된 영상 콘텐츠들을 생산해내고 있습니다.

마인크래프트라는 걸 들어만 봤지, 구체적으로는 어떤 게임인지 잘 모르시겠다고요? 저와 같은 '겜알못(게임을 잘 알지 못하는 사람)' 분들을 위해 마인크래프트의 특징을 간략하게 설명해드리겠습니다.

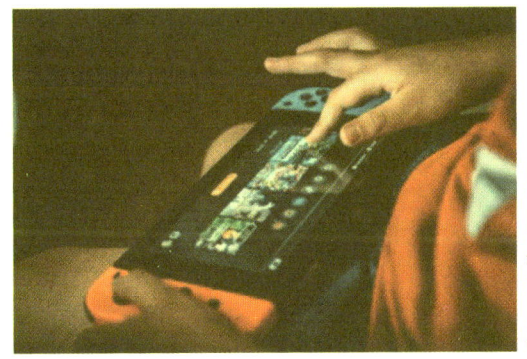

마인크래프트의 특징

1. 마인크래프트 세계는 모두 네모난 블록으로 이루어졌다. (샌드박스 게임)
2. 마인크래프트 세계 속에서는 집을 짓고 사냥을 하고 농사를 지을 수도 있다.
3. 마인크래프트는 혼자서 또는 친구와 함께 할 수 있다.
4. 마인크래프트 유저는 마인크래프트 세계 속에 게임을 만들 수 있다.
5. 게임 속에서 특정 역할을 부여받는 다른 게임들과 달리 고정된 스토리가 없다.

게임 전문가들은 마인크래프트가 세계적인 인기를 끌 수 있었던 비결로 앞에서 말한 4, 5번의 특징을 꼽습니다. 다른 게임들처럼 주어진 미션이 없다 보니, 플레이어가 자유롭게 목표를 설정하고 이를 이뤄가는 환경이 조성됩니다. 이 과정에서 느낀 성취감이 게임에 더욱 몰입하게 만들어주죠. 창의적으로 생각할 기회를 준다는 것, 이게 마인크래프트가 지닌 커다란 장점입니다.

그런데 최근 이런 마인크래프트의 아성을 무너뜨릴 만한 다크호스가 등장했습니다. 그 게임의 이름은 로블록스(Roblox)입니다. (세간에 알려진 바로는 로블록스가 먼저 개발되었다고 하나 로블록스가 플레이어들과 한국의 매스컴에 본격적으로 관심을 받게 된 건 2020년경으로 추정됩니다.) 2020년 급부상한 '메타버스'라는 키워드와 함께 로블록스의 인기도 크게 높아졌습니다.

로블록스는 마인크래프트와 비슷합니다. 두 게임 모두 네모난 블록으로 만들어진 세상 속에서 게임이 이루어지는 샌드박스 게임이기 때문입니다. 물론 로블록스에서는 마인크래프트와 비교해 조금 더 다양한 모양의 블록들을 사용할 수 있습니다. 또한 등장하는 캐릭터의 얼굴은 레고 캐릭터들의 얼굴과 비슷하게 보이기도 합니다. 가장 큰 차이점은 마인크래프트와 비교해 훨씬 자유도가 높은 게임이라는 것입니다. 로블록스는 게임이라기보다

일종의 세계라고 생각하는 게 이해하기 쉽습니다. 로블록스라는 가상의 세계 속에서 몇몇 플레이어들이 만든 게임을 다수의 플레이어가 선택하여 참여합니다. 이런 게임은 그 안에 있는 플레이어라면 누구든지 자유롭게 만들 수 있고요.

슈팅 게임(FPS, TPS), 롤 플레잉 게임, 경쟁형 게임, 장애물 게임, 타이쿤 게임이 로블록스 안에서 만들 수 있는 대표적인 게임입니다.

이 외에도 여러 종류가 더 있습니다. 플레이어들이 어떤 형식의 게임을 만들지 예상할 수 없으니 게임의 주제나 방법도 무한하게 열려 있습니다. 예전에는 "너 스타크래프트 해?"라는 질문으로 상대가 어떤 게임을 하는지 짐작할 수 있었지만, "너 로블록스 해?"라는 질문만으로는 상대방이 어떤 게임을 하는지 가늠하기 어렵습니다. 상황이 이렇다 보니, 아이들에게 "로블록스는 어떻게 하는 거야?"라고 물어보더라도 속 시원한 답을 듣기 어렵습니다.

로블록스 세계 속에서 어떤 게임을 어떤 방식으로 만들 것인지는 플레이

어이자 창작자인 사용자에게 달려 있습니다. 그래서 사용자들은 게임이라는 공간 속에서 창작의 기쁨을 맛보며 자유롭게 도전할 수 있습니다. 교육계의 뜨거운 감자인 코딩을 배우지 않고서도 게임을 개발할 기회를 주는 게 로블록스입니다. 실제로 로블록스에는 사용자들이 만든 수천만 개의 게임이 모여 있다고 합니다.

창작자들의 놀이터인 로블록스를 먼저 시작한 해외에서는 로블록스로 큰돈을 버는 창작자들이 하나, 둘 생겨나고 있습니다.* 창작자들이 직접 게임을 만들기도 하고, 게임 속에서 사용하는 아이템들을 제작하여 판매하면서 이익을 얻는 사람들이 늘어나고 있습니다. 이들 중 많은 수가 10대로 알려져 있습니다.

마인크래프트와 로블록스는 게임이지만 교육자들이 권장하는 게임, 수업 시간에 활용하고 싶은 게임으로 꼽힙니다. 창의적으로 자기 생각을 표현할 수 있어 상상력, 창의력을 기르는 데 도움이 됩니다. 결과물을 완성하기까지의 과정을 잘게 쪼개서 단계별로 접근하므로 코딩의 기초인 절차적 사고도 배울 수 있습니다. '로블록스 코딩 전문가 과정', '로블록스 프로그래밍 배우기'와 같은 과정들이 전국적으로 생겨나는 이유가 이해되시죠?

마인크래프트와 로블록스, 그리고 메타버스

알파세대에게 사랑받은 게임에는 어떤 공통점이 있을까요? 이미 눈치채셨

---

* '로블록스로 억대 소득자 급증한다… 작년에만 300명 넘어', 《매일경제》, 2021.11.15.

겠지만, 마인크래프트와 로블록스라는 게임은 메타버스의 하나입니다. 이제는 익숙해진 메타버스는 가상, 추상을 의미하는 '메타(Meta)'와 현실 세상을 의미하는 '유니버스(universe)'가 합쳐져 만들어진 단어입니다.

메타버스(Metaverse) = '메타(Meta)' + '유니버스(universe)'
가상, 추상　　　　세상, 세계

쉽게 말해, 메타버스란 가상의 세계입니다. 이 메타버스에서는 메타버스 내 사용자들이 만들어낸 콘텐츠들이 하나의 상품으로 인정받습니다. 가상의 세상에서 사용자들이 만든 게임이나 맵, 라이브 방송, 아바타들이 착용할 수 있는 아이템이 그들 사이에서 화폐처럼 통용됩니다. 이런 화폐는 로블록스 세상에서는 로벅스(Robux), 제페토 세상에서는 제페토 코인(Zepeto coin)이라는 이름으로 사용되죠.

이 시장은 이제 시작하는 단계입니다. 앞으로 더 커질 일만 남았죠. 그리고 알파세대 아이들은 메타버스 생태계 속에서 날개를 달고 날아다닐 주인공들입니다. 메타버스 시대를 살아갈 아이들에게는 다음과 같은 역량이 필요합니다.

메타버스 시대를 살아가는 데 필요한 역량

- 콘텐츠 생산자로서의 창의성
- 콘텐츠를 판단할 수 있는 비판적 사고력
- 온·오프라인 공간에서 대중을 이끄는 리더십
- 온·오프라인 환경 속에서의 의사소통 역량
- 온·오프라인을 넘나들며 협업하는 역량
- 복잡한 문제를 다루는 컴퓨팅 사고력

디지털 프로슈머

"프로슈머(Prosumer)=생산자(Producer)+소비자(Consumer)"

지금은 고인이 된 미래학자 앨빈 토플러(Alvin Toffler)는 『제3의 물결(The Third Wave)』에서 프로슈머(Prosumer)라는 개념을 이야기했습니다. 프로슈머는 '생산자(producer)'와 '소비자(consumer)'를 더한 말입니다. 생산자이면서 소비자인 사람을 우리는 프로슈머라고 부릅니다.

과거에는 생산하는 사람과 소비하는 사람의 역할이 분명하게 구분되었습니다. 벼농사를 짓는 사람과 쌀을 구매하는 사람의 역할이 같을 수 없겠죠? 그런데 세상이 변하면서 생산자와 소비자의 경계가 모호해지기 시작했습니다. 예컨대 TV를 생산하는 사람들에게 TV를 사는 사람들이 자신들의 요구 사항을 말하기 시작한 겁니다. 생산자 측에서 소비자들이 이야기하는 "화면이 더 커지면 좋겠다." 등의 요구를 받아들이면서 제품 기획 및 개발뿐만 아니라 유통, 관리 부분에서도 소비자들이 영향력을 발휘하게 되었습니다. 소위 '생산적 소비자'로 일컬어지는 프로슈머의 시대가 된 것입니다.

당신은 디지털 프로슈머인가요?

디지털 시대가 되면서 프로슈머도 세상의 흐름에 맞춰 변화했습니다. 이름하여 디지털 프로슈머(Digital Prosumer)입니다. 이 글을 읽고 계신 분 중에도 디지털 프로슈머의 역할을 하고 계신 분이 있으실 겁니다. 아래 체크리스트에서 한 가지라도 해보신 적이 있다면 디지털 프로슈머라고 불릴 만한 자격이 있습니다.

디지털 프로슈머 자가 진단 체크리스트

- ☐ 네이버 카페에서 인기 있는 제품에 호평/악평 댓글을 달았다.
- ☐ 온라인 쇼핑몰에서 구매한 제품에 대한 후기를 남겼다.
- ☐ 블로그, 인스타그램 등에 제품을 소개하는 글을 썼다.
- ☐ 모바일로 진행되는 고객만족도 조사에 참여하여 서비스 개선 설문에 의견을 남겼다.
- ☐ 품질에 문제가 있는 제품에 대해 온라인상에서 불매운동을 했다.
- ☐ 선호하는 유튜브 채널에 원하는 영상 주제를 댓글로 남겼다.
- ☐ 유튜브, 네이버TV 등의 플랫폼에서 영상을 소비하는 동시에 자신이 직접 만든 콘텐츠를 올렸다.

중요한 점은 이런 디지털 프로슈머가 시간이 갈수록 더욱 늘어날 거라는 점입니다. 기업들은 고객 만족을 최우선으로 여깁니다. 과거부터 지금까지

그래왔듯이 소비자들을 만족시키지 못하는 생산자는 살아남기 어렵습니다. 결국 소비자를 귀하게 여기며 그들의 목소리에 귀를 기울이는 문화는 더욱 단단해질 것입니다.

모두가 디지털 프로슈머인 사회

2021년 인터넷 게시판을 뜨겁게 달군 음식 리뷰 이슈가 있었습니다.* 식당에서 음식이 아닌 생수만을 주문한 소비자가 "너무 싱거워요."라는 댓글과 함께 별점 1점을 준 촌극입니다. 요즘 사람들 대부분이 포털사이트의 후기를 보고, 제품의 품질이나 식당의 맛을 판가름합니다. 사정이 이렇다 보니 사장이나 업주들은 악성 리뷰를 두려워합니다. 생수를 주문한 소비자가 남긴 "너무 싱거워요."라는 댓글을 읽은 업주의 마음은 어땠을까요?

　유튜버들도 비슷합니다. 일주일 동안 기획하고 2주 동안 많은 스텝과 함께 촬영하고 이틀 밤을 새우며 완성한 7분짜리 영상을 올린 지 채 3분이 되지 않아 올라온 "재미없네요."라거나 "맨날 비슷한 콘텐츠, 지루합니다. 구독 취소합니다."라는 댓글을 읽은 유튜버의 마음은 어떨까요?

　모두가 디지털 프로슈머인 사회는 장점도 있지만, 그에 따른 부작용도 필연적으로 일어나게 됩니다. 따라서 디지털 프로슈머로 살아가게 될 우리 아이들에게는 이에 걸맞은 소양이 필요합니다. 교과서만으로 이걸 준비시키기에는 부족합니다. 왜냐하면 이건 '암기해야 하는 책 속 이야기'가 아니라

---

* '생수 주문해놓고 "너무 싱겁다" 악성 리뷰… 별만 봐도 가슴 쓸어내리는 자영업자들,' 《매일경제》, 2021.08.16.

'피부에 와닿는 진짜 삶의 이야기'이기 때문입니다. 또한 이런 소양은 저절로 생기는 게 아닙니다. 분수의 나눗셈을 자연스레 배울 수 없듯이 디지털 프로슈머로서의 소양도 배워야 알 수 있습니다.

생산자와 소비자의 경계가 모호해진 디지털 프로슈머의 사회를 살아가기 위해서는 다음과 같은 소양이 필요합니다.

디지털 프로슈머의 소양

1. 좋은/나쁜 제품(콘텐츠)을 구별해낼 수 있는 안목
2. 글, 이미지, 영상을 이용하여 제품을 소개, 전달하는 콘텐츠 제작 역량
3. 생산자(창작자)로서 윤리적인 제품을 생산하는 태도
4. 생산자의 권리를 보호해주는 태도
5. 생산자의 창작 활동을 존중하는 태도

교육자들은 학생들이 이런 소양을 갖출 수 있도록 환경을 만들어주고 도움을 주어야 합니다. 디지털 기기를 활용해서 무엇인가를 만드는 것만이 디지털 소양을 길러주는 유일한 방법은 아닙니다. 변화하는 디지털 환경에 잘 적응하며 올바른 생각을 가지고 사람들과 소통하며 살아가는 것, 이게 바로 우리가 꿈꾸는 디지털 프로슈머의 시대입니다.

인공지능 교육의 시대

챗GPT가 쏘아올린 엄청나게 커다란 공

2022년 OpenAI라는 개발사에서 GPT-3.5, GPT-4를 기반으로 하는 대화형 인공지능 서비스를 내놓았습니다. OpenAI는 'GPT-n'이라는 이름으로 자신들이 개발한 언어 모델을 차례로 내놓고 있는데, 챗GPT는 GPT-3.5, GPT-4를 기반으로 하는 서비스 모델입니다. 간단히 말하자면 챗GPT는 챗봇(채팅 로봇)입니다. 사용자가 채팅하는 것처럼 질문하면 이에 대한 대답을 내놓는 챗봇입니다. 인공지능이 빅데이터를 통해 학습한 내용을 바탕으로 답을 해줍니다. 예를 들어 "토마토 파스타 만드는 방법을 초등학생들도 이해할 수 있게 설명해줘."라던가 "미세먼지가 우리 몸에 해로운 이유를 5가지로 정리해 설명해줘."와 같이 질문했을 때 1분도 되지 않아 대답을 뚝딱 내놓습니다. 답변 유형도 다양합니다. 일상적인 질문에 대한 대답뿐만 아니라 코드를 생성하는 코딩을 하기도 하고, 자바스크립트용 파일인 JSON의 형식으로 데이터를 보여주기도 하고, 시, 신문 기사, 심지어 영화 시놉시스를 써내기도 합니다.

처음 OpenAI에서 챗GPT를 발표했을 때 사람들은 이렇게 생각했습니다. "인공지능 챗봇? 이번에도 사람들이 하는 말을 못 알아먹거나 엉뚱한 대답만 하는 로봇이겠지." 하지만 실제로 챗GPT가 내놓는 답변을 보고 전 세계가 놀랐습니다. 그동안 발표되었던 대화형 인공지능 서비스들과 비교할 수 없을 정도로 탁월한 답변을 챗GPT가 뱉어냈으니까요. 출시 두 달 만에 챗GPT 사용자가 하루 1,000만 명, 월 사용자는 1억 명을 넘었습니다.

이러한 챗GPT의 세계적인 인기는 엔지니어부터 시작해 마케터, 디자이너, 교육자들 사이에서 생성형 인공지능(Generative AI)에 관한 관심을 불러일으켰습니다.

인공지능 교육의 두 얼굴

챗GPT 발표 이전부터 교육계는 인공지능의 중요성을 인식하고, 교육정책에 인공지능과 관련된 내용들을 반영해오고 있었습니다. 일찍이 초등학교에서부터 인공지능 교육이 필요하다고 주장해온 미국과 영국뿐만 아니라 우리나라와 근접해 있는 중국, 일본에서도 인공지능 교육 확산에 에너지를 쏟고 있습니다.

2019년 오드레 아줄레(Audrey Azoulay) 유네스코 사무총장은 이렇게 말했습니다. "교육은 AI에 의해 완전히 바뀌게 될 것이다."* 오드레 아줄레 사무총장은 교육 도구, 학습 방법, 지식에 접근하는 방법, 교사 교육 등이 모두 인공지능의 영향을 받아 혁신적으로 변화하게 될 것이라고 말했습니다.

이러한 흐름에 맞춰 2022 개정 교육과정에서는 인공지능 교육과 관련된 내용을 도입하였습니다. 그리고 연구자들은 초·중등학교 현장에서 인공지능 교육을 할 수 있는 환경을 마련하고자 인공지능 교육의 정의를 바로잡고, 인공지능 교육 프로그램을 만들고, 관련 교수·학습 모형을 설계하고 있습니다.

그런데 '인공지능 교육'이란 무엇을 말하는 것일까요? 이 어휘를 어떻게 해석하느냐에 따라 포함하는 요소들이 달라지기 때문에 굉장히 민감한 부분이긴 합니다. 『인공지능시대의 미래교육(Artificial Intelligence in Education)』[**]에 따르면, '인공지능 교육'은 크게 2가지 관점으로 나누어 볼 수 있습니다. 첫째는 'Learning with AI', 즉 인공지능을 활용하는 수업입니다. 인공지능 기술을 교육에 활용하는 것입니다. AI를 교육을 위한 도구로 사용한다고 볼 수 있죠. 우리가 알고 있는 인공지능을 활용하여 실생활의 문제를 해결하는 수업, 교과 융합형 수업 등이 여기에 해당합니다. 나아가 인공지능을 학생 평가 및 기록 등에도 활용합니다. 둘째는 'Learning about AI', 즉 인공지능에 대한 수업입니다. 인공지능 자체를 교육의 내용으로 삼는 관점입니다. 여기서는 인공지능의 개념이나 원리, 기능을 배우는 걸 중요하게 여깁니다. 일반 교사들 관점에서는 다소 어렵게 느껴지는 SW코딩, 피지컬 컴퓨팅, 인공지능 모델, 빅데이터, 머신러닝, 선형회귀, 오차수정 등을 학습하죠. 2015 개정 교육과정 실과에서 내용 요소로 제시되었던 소프트웨어, 절차적 사고, 프

---

[*] 유네스코 사이트 참고. (unesco.org/en/articles/how-can-artificial-intelligence-enhance-education)
[**] Holmes, W., Bialik, M., & Fadel, C. (2021), Artificial Intelligence In Education: Promises and Implications for Teaching and Learning. 정제영, 이선복 역(2021), 『인공지능시대의 미래교육』, 박영스토리.

로그래밍 과정 등도 여기에 해당합니다.

  2022 개정 교육과정에서는 '디지털 사회와 인공지능'이라는 영역을 새로 만들고, 이 안에서 컴퓨터의 개념, 문제 찾기와 문제 해결 절차, 컴퓨터에서 명령하는 방법, 데이터의 종류와 표현, 생활 속 인공지능을 학생들이 배워야 하는 지식·이해의 내용 요소로 추출하였습니다. 인공지능 수업의 목표를 몇 가지로 특정하긴 어렵지만 크게 2가지로 볼 수 있습니다. 하나는 기본적인 디지털 소양의 함양입니다. 역사, 과학, 미술, 음악 상식처럼 앞으로는 인공지능에 대한 기초 지식과 활용이 상식이 될 것이기 때문입니다. 두 번째는 전문적인 인력 양성입니다. 인공지능 전문가가 되기 위해 인공지능에 대한 내용을 탐구하는 것이죠. 수학자, 과학자, 공학자를 길러내기 위해 고등교육 기관에서 교육하는 것처럼 말입니다.

  그렇다면 초등학교에서는 인공지능에 대한 내용을 어떻게 교육하는 게 좋을까요? 학생들의 발달 단계를 고려해봤을 때 전문적인 내용을 강의 형식으로 설명할 순 없겠죠? 그래서 대부분 수업에 놀이나 체험 방식이 융합됩니다. 주변에서 실과 시간이나 인공지능 수업을 할 때 보드게임을 활용하는 걸 보신 적이 있죠? 또는 하얗고 조그마한 직육면체의 햄스터 로봇을 움직이게 하는 모습들도 보셨을 테고요. 초등학교에서 이뤄지는 인공지능 수업은 이처럼 놀이와 체험을 융합해 운영하는 게 학습 효과가 높다고 알려져 있습니다.

김미량 외(2023), 『인공지능시대의 정보교육론』, 교육과학사.

인공지능 교육이 꿈꾸는 교실

인공지능은 이미 교육 속으로 스며들고 있습니다. 이러한 변화는 학생들의 학습 진단 및 분석, 교사의 수업 설계, 교사와 학생의 상호작용, 교수·학습 방법, 평가 등의 양상을 지금과는 다른 모습으로 바꿔놓을 것입니다. 인공지능 기술로 인해 변화하게 될 앞으로의 교실은 다음과 같은 특징을 갖게 될 것입니다.[*]

첫 번째 특징은 인공지능을 활용한 학습 진단과 분석(Learning analytics) 기술의 활용입니다.[**] 초등학교에서는 그동안 담임 교사 1인이 다수 학생의 전 교과 학습을 진단했습니다. 학생들의 학습 과정을 객관적으로 진단하기 어려운 환경이었습니다. 인공지능의 도움을 받으면 학생들의 교과 및 단원별 이해도, 학습 진도율 등의 학습 데이터를 얻을 수 있습니다. 이렇게 얻은 학습 데이터를 학생별 대시보드에 노출하여 성취기준별로 확실하게 아는 학습 요소, 다시 학습해야 하는 학습 요소가 무엇인지 등을 교사와 학생이 함께 인지할 수 있습니다.

두 번째 특징은 데이터에 기반한 수업 설계(Data-driven learning design)의 활용입니다. AI 디지털 교과서, 에듀테크 소프트웨어 등을 이용하여 학생들의 학업성취, 학업 태도, 학업 선호도와 관련된 데이터를 추출하였다면, 이 데이터를 바탕으로 교사는 수업을 설계할 수 있습니다. 교사의 짐작이나 추측이 아닌, 객관적인 데이터에 의해 수업을 설계하므로 학생들에게 학

---

[*] Holmes, W., Bialik, M., & Fadel, C. (2021), Artificial Intelligence In Education: Promises and Implications for Teaching and Learning. 저·정제영, 이선복 역(2021), 『인공지능시대의 미래교육』, 박영스토리.

[**] 교육부(2023), AI 디지털교과서 추진방안(안), 교육부.

습적인 면에서 더욱 유익하고 매력적인 학습경험을 설계하게 될 것입니다. 또한 이렇게 설계된 학습 경험이 다시 데이터로 누적되어 교사 본인뿐만 아니라 추후 동 교과 교사, 상급 학년 교사들이 수업을 설계하는 데도 유용하게 활용될 것입니다.

세 번째 특징은 대화형 튜터링 시스템(Dialogue-based tutoring systems)을 활용한 맞춤형 교육(Adaptive learning)의 활용입니다. 벤저민 블룸(Benjamin Bloom)을 포함한 많은 교육학자가 일대일 지도를 효과적인 교수법으로 꼽습니다. 하지만 현재 교육 현장에서 교사와 학생이 일대일 맞춤형으로 교육하는 건 쉽지 않습니다. 그래서 대부분 교사가 가상의 평균을 설정하고, 이에 맞춰 수업을 설계하고 운영합니다. 이와 같은 구조에서는 평균의 범주를 넘어서거나 평균에 미치지 못하는 학생들은 학습에 흥미를 잃기 쉽습니다. 하지만 대화형 튜터링 시스템을 활용하게 되면 이 부분을 보완할 수 있습니다. 교사를 대신해 인공지능이 학생들과 일대일 맞춤형으로 대화하며 학생의 이해도, 학업성취 수준에 알맞은 피드백을 실시간으로 제공하는 것은 학생들이 완전 학습(Mastery learning)을 하는 데 큰 도움을 줄 것입니다.

네 번째 특징은 고차원적인 인지적 목표 달성을 위한 학습자 중심 교수·학습 방법의 활용입니다. 전통적으로 교사가 해오던 지식 전달이라는 역할을 인공지능이 대신하게 된다면 교사는 학생들의 인지 발달 목표를 적용, 분석, 평가, 창조 등의 고차원적인 부분에 두게 될 것입니다. 또한 짧은 시간 안에 최대한 많은 양의 지식을 전달하는 강의식 수업 방식에서 벗어나 학생들의 창의적 사고 역량 및 문제해결 역량, 의사소통 역량, 협업 역량 등을 길러줄 수 있는 방향으로 교수·학습 방법이 변화하게 될 것입니다. 인공지능 기술의 도입 및 확산으로 인해 앞으로의 수업은 고차원적 사고를 촉진하고, 학생들의 역량을 신장하는 데 효과적이라고 알려진 PBL로 통칭하는 프로젝트 학습(Project based learning), 문제 중심 학습(Problem based learning), 현상 기반 학습(Phenomenon based learning) 등의 학습자 중심 교수·학습으로 변화하게 될 것입니다.

다섯 번째 특징은 자동 서술형 평가(Automated writing evaluation)의 활용입니다. 그동안 교육 현장에서 학생들이 쓴 글을 평가하고 피드백하는 것은 오롯이 교사의 몫이었습니다. 교사 1인이 20명이 넘는 학생들의 글을 읽는 데에만 상당한 시간이 소요되고, 이에 대한 피드백을 주려면 시간뿐만 아니라 지적, 정신적 에너지도 상당히 소모됩니다. 학생들이 쓴 글을 평가하고 피드백을 주는 인공지능 자동 서술형 평가 기술을 이용하면 이러한 어려움을 해소할 수 있습니다. 학습자들의 쓰기 능력과 독해 능력 신장을 위해 개발된 피어슨(Pearson)의 WriteToLearn이 자동 서술형 평가의 대표적인 모델로 꼽힙니다. 평가에서 인공지능 기술을 활용하는 것은 교사의 평가 부담감을 줄여주고 평가 결과를 자료화해줍니다. 이러한 장점으로 인해 단답형 위주의 객관식 평가 문항이 서술형, 논술형 평가 문항으로 대체되는 평가 시스템의 변화가 이루어질 것입니다.

학생 1인 1태블릿PC

'○○교육청, 학생 1인 1태블릿PC 보급',
'전국 ○○○○개 학교, 태블릿PC ○○만 대 보급'

2021, 2022년 교육 관련 기사에서 끊임없이 쏟아져 나온 정책입니다. 전국 대부분의 시도교육청에서 앞다퉈 '학생 1인 1태블릿PC 보급' 정책을 추진했습니다. 수년 전부터 테크놀로지를 활용한 수업을 해오던 많은 현장 교사들이 바라던 정책이었죠. 또한 코로나19로 인해 원격 수업이 필요할 때 기기가 없어 어려움을 겪었던 학생들을 위한 정책이기도 했습니다. 그런데 태블릿PC 보급 정책을 찬성하는 수에 못지않게 비판하는 목소리도 컸습니다.

"학생 1인 1태블릿PC 보급은 세금 낭비다."
"구매하는 비용뿐만 아니라 유지 관리 비용도 만만치 않을 것이다."
"태블릿PC 사용이 학생들의 학력 신장에 도움을 준다는 근거가 부족하다."

학생 1인 1태블릿PC 사용 시 우려되는 점

학생 1인 1태블릿PC 보급 사업이 시작되던 해, 저는 학교에서 태블릿PC를 이용하여 수업하고, 태블릿PC를 관리하는 업무를 맡게 되었습니다. 제가 속한 지역교육청에서는 학교 전체에 태블릿PC를 보급하기 전, 현장 검증 차원에서 한 개 학년에만 태블릿PC를 보급했습니다. 규모가 제법 큰 학교였기에 보급받은 태블릿PC만 200대가 넘었죠. 태블릿PC가 학교에 도착하던 날, 비주얼에 압도당했던 그때가 아직도 생생하게 기억납니다.

저는 동료 선생님과 함께 200대가 넘는 태블릿PC를 관리하고 활용해 수업했습니다. 그래서 학생 1인 1태블릿 사용으로 인해 얻을 수 있는 이점과 야기될 수 있는 문제점들을 먼저 경험했습니다. 현장 교사의 관점에서 학생 1인 1태블릿PC 사업의 어려운 점을 제가 고군분투하며 찾아본 해법과 함께 정리해봤습니다.

태블릿PC를 활용한 수업 설계 역량 부족

"선생님, 태블릿PC 어디에 써야 해요?"
"선생님은 어떤 교과 시간에 태블릿PC를 쓰세요?"

일단 교육청에서 보급해준다고 해서 받긴 받았는데, 이걸 대체 어디에 어떻게 써야 하는지를 모르겠다는 선생님들의 하소연을 많이 들었습니다. 구슬이 서 말이라도 꿰어야 보배이듯 좋은 장비도 사용하지 않으면 무용지물일 뿐입니다.

그동안 소수의 교사만이 태블릿PC를 활용한 수업에 관심을 가져왔습니다. 그래서 대다수 교사는 태블릿PC를 활용한 수업을 설계하고 운영하는 데 서툽니다. 어떤 애플리케이션을 사용하는 게 좋은지, 어떤 교과에서 사용하는 게 효과적인지, 학급 학생들이 디지털 기기를 활용할 수 있는 수준이 어느 정도인지에 관한 배경지식이 부족합니다. 이런 상황에서 막상 시작하려 하면 답답합니다. 그래서 시도조차 못하고 한 학기를 보내버리는 경우가 의외로 많습니다. 막대한 예산을 투입하여 학교 현장에 보급한 태블릿PC 위에 먼지만 쌓여가는 것입니다.

해법

1. 현장 교사들이 디지털 기기 활용 역량을 키울 기회를 제공한다. 단, 단순히 디지털 기기 활용 역량의 신장만을 목적으로 해서는 안 된다. 중요한 건 기기 활용 능력이 아니다. 디지털 기기를 활용한 교수·학습 방법을 고민할 기회를 줘야 한다.
2. 학교 안팎의 교사학습공동체를 통해 교사들의 디지털 전문성을 키운다.
3. 교육대학교, 사범대학교에서 예비교사들의 디지털 교수·학습 역량 강화를 위한 교육을 확대한다.

태블릿PC의 관리 문제

태블릿PC도 전자기기입니다. 계속해서 충전해줘야만 사용할 수 있죠. 학급당 20개가 넘는 태블릿PC를 충전하는 것, 업무 담당자나 교사들에게는 이것부터 엄청난 부담입니다. 교실에서 20개가 넘는 충전기를 꽂고 사용하는 것도 무리고요. 태블릿PC 충전보관함이 있긴 하지만 그 값이 만만치 않습니다. 학급당 1대씩 가지고 있기에는 현실적으로 부담되는 금액대죠.

해법

1. 학생이 개인별로 보관 및 충전한다. (학기 초 태블릿PC 이용 서약서 작성)
2. 학년당 2, 3대의 태블릿PC 충전보관함을 구매한 뒤, 학급이 돌아가며 충전하여 사용한다. 이때 태블릿PC는 각 학급에서 보관한다.

고장 나거나 사라져버린 태블릿 펜

태블릿PC를 6개월 정도 사용하면 태블릿 펜이 고장 나거나 사라져버리는 경우가 생깁니다. 태블릿 펜은 특별히 필요하지 않다고 생각하실 수 있지만, 디지털 드로잉을 하기 위해서는 태블릿 펜이 꼭 필요합니다. 꼼꼼하게 관리하여 분실은 막을 수 있지만 고장 나는 건 막기 어려울 때가 많습니다.

해법

1. 태블릿 펜의 고장, 분실을 대비하여 태블릿 펜 구입 예산을 넉넉히 남겨둔다. 새로 구매할 때는 비용이 부담되더라도 순정 제품을 사용하는 게 좋다. 저렴한 가격에 끌려 대체품을 구매할 경우, 눈물을 머금고 다시 사야 하는 일이 생길 수 있다.
2. 태블릿PC, 태블릿 펜이 필요할 때 그때그때 꺼내어 사용한다.

학생 1인 1태블릿PC 사용의 핑크빛 미래

어두운 부분의 반대쪽에는 언제나 밝은 부분이 있습니다. 2021년과 2022년 다수의 시·도교육청에서 학생 1인 1태블릿PC 보급을 추진했습니다. 아직 완료하지 못한 지역에서도 순차적으로 추진하게 될 가능성이 큽니다. 학생 1인 1태블릿PC 보급을 통해 어떤 교육적인 이점을 얻을 수 있을까요?

AI 디지털 교과서 사용 활성화

2023년 6월 교육부에서 발표한 『AI 디지털 교과서 추진 방안』에 따르면 2025년부터 순차적으로 2022 개정 교육과정에 따른 AI 디지털 교과서가 도입됩니다. 학생 1인이 1태블릿PC를 이용할 수 있다면 AI 디지털 교과서도 상시 사용할 수 있겠죠? 현재 교육부는 AI 디지털 교과서의 활용도를 높이기 위해 교과서 출판사와 에듀테크 기업이 협력하여 수준 높은 AI 디지털 교과서를 만들어내도록 지원하고 있기도 합니다.

학생 및 교사의 디지털 활용 능력 향상

학생 1인 1태블릿PC의 사용으로 디지털 기기와 접하는 기회 및 시간이 늘어납니다. 세상 모든 게 그렇듯 많이 해보고, 자주 써보면 조금 더 알 수 있습니다. 모둠당 한 대 정도의 태블릿PC가 있던 과거와 개인당 한 대씩 가지고 있는 현재가 같을 순 없겠죠? 자신만의 태블릿PC를 이용해 자기주도적으로 사용해보면서 디지털 기기 활용 능력을 키울 수 있습니다.

교사들 또한 태블릿PC를 활용한 수업 방식에 더 많은 관심을 가지게 됩니다. 자연스럽게 지능형 튜터링 시스템(ITS), 대화형 AI, 확장 현실(XR) 등을 활용하여 수업을 설계하고 운영하는 능력이 향상될 것입니다.

학생들의 디지털 협업 능력 신장

디지털 세계가 아날로그 세계와 다른 점은 시간과 장소라는 물리적 제약 없이 자유로운 협업과 공유를 할 수 있다는 것입니다. 특히 요즘 인기 있는 구글 시트, 구글 슬라이드, 캔바(Canva), 미리캔버스(Miricanvas), 밴드랩(BandLab) 등을 사용하면 온라인상에서 함께 그림을 그리거나 문서를 작성하고 음악을 만드는 게 가능합니다. 태블릿PC를 활용해 우리 반 친구들뿐 아니라 다른 반, 다른 학교의 친구들과도 손쉽게 협업할 수 있습니다.

다양한 학습 자료 검색 및 활용

모르는 내용이 있거나 찾아보고 싶은 정보가 있을 때 책자 형태의 국어사전이나 백과사전을 찾아보는 사람은 열에 하나도 되지 않습니다. 대부분 네이버나 구글과 같은 포털사이트에서 키워드로 검색합니다. 요즘 초등학생, 중학생들은 네이버나 구글보다 유튜브에서 먼저 검색한다고 하죠? 예를 들어 '지구의 공전'에 관한 자료를 찾아야 한다면 어떨까요? 태블릿PC만 있다면 지구의 공전을 설명해줄 전 세계의 무수히 많은 자료를 손쉽게 찾을 수 있습니다.

자기주도적 보충·심화 학습

태블릿PC와 같은 스마트 기기의 가장 큰 장점은 개인별 맞춤 학습을 가능하게 해준다는 것입니다. 하나의 교실에서 모든 학생에게 똑같은 내용을 똑같은 수준으로 가르치는 기존의 교수·학습 방법에서 벗어나야 합니다. 같은 교실에 앉아 있더라도 학생 개개인의 수준 및 특성에 따라 각각 다른 내용이나 수준, 속도로 학습할 수 있어야 합니다. 태블릿PC로 인터넷상에 있는 무수한 콘텐츠를 활용하여 학습 이해도가 부족한 학생은 보충 학습을, 이해도가 충분한 학생은 심화 학습을 할 수 있습니다.

시간과 장소에 얽매이지 않는 학습

태블릿PC를 이용하면 온라인 학습이 쉬워집니다. 온라인 학습의 장점은 시간이나 장소에 얽매이지 않고 학습자의 상황에 맞춰 학습할 수 있다는 것입니다. 무언가를 배우는 공간이 학교나 학원으로 한정되어 있다는 생각에서 벗어나야 합니다. 또 담임 교사만이 무언가를 가르쳐줄 수 있다는 생각에서도 벗어나야 합니다. 언제, 어디서든, 누구에게나 배울 수 있는 게 요즘 시대의 학습이니까요. 그런 점에서 학생 1인당 보급되는 태블릿PC를 학교에서만 사용한다는 건 다소 아쉬운 일입니다.

디지털 소양 격차 완화

교육자들은 부모의 경제적 여건이 학생들의 교육 격차를 심화시키는 것을 오래전부터 경계해왔습니다. 그런데 이제는 경제적 여건이 디지털 소양에도 영향을 미치고 있습니다. A학생은 태블릿PC를 수년째 이용해오고 있어, 태블릿PC가 손에 쥐어지면 날개를 달고 온라인 세상에서 능력을 펼칩니다. 반대로 태블릿PC를 처음 사용하는 B학생은 계정을 만들고 기본적인 사용법을 익히는 데만 며칠이 걸립니다. 그나마 다행인 건 학생 1인 1태블릿PC 보급 정책으로 인해 '태블릿PC를 가진 학생'과 '태블릿PC를 가지지 못한 학생'으로 구분되는 건 막을 수 있게 되었다는 것입니다.

여전히 교육계에서는 학생 1인 1태블릿PC 보급을 둘러싼 논쟁이 활발하게 벌어지고 있습니다. 하지만 학생 1인 1태블릿PC 보급은 이미 돌이킬 수 없는 일입니다. 태블릿PC 보급 정책을 세금 '낭비'가 아닌 미래 인재들을 위한 '투자'로 관점을 전환하여 생각하는 건 어떨까요?

디지털 문해력 교육

"세 줄 요약: 긴 글을 세 줄로 정리해달라고 요구하는 것"

"글이 너무 깁니다. 세 줄 요약 좀." 또는 "무슨 일이죠? 세 줄 요약 좀."과 같은 댓글이 어느샌가 인터넷 커뮤니티에서 유행하기 시작했습니다. 글이 조금만 길어지면 세 줄로 요약해달라는 댓글들이 잔뜩 달립니다. 디시인사이드(Dcinside)라는 커뮤니티 사이트에서 생겨난 것으로 알려진 '세 줄 요약'은 이제는 어떤 온라인 커뮤니티에서든 흔히 볼 수 있는 온라인 세계의 하나의 문화가 되어버렸습니다.

이런 분위기는 온라인상에서 널리 퍼져 있습니다. 그 대표적인 예시가 한 줄 영화평입니다. 저의 경우, 영화를 본 다음 이동진, 박평식 등 유명한 영화 평론가들이 남긴 한 줄 평을 찾아보는데, 평론가들의 뛰어난 언어적 감각이 흥미롭기도 하고, 무엇보다도 한 줄이라 부담 없이 읽을 수 있기 때문입니다.

이렇게 한 줄 평은 일부러 찾아보지만, 긴 평론은 거의 읽지 않습니다. 뭐랄까, 하나의 영화에 대한 너무 기다란 평론은 부담스럽다고 할까요? 그런데 이런 생각을 하는 게 저뿐만은 아니었습니다.

한 매체에서 저명한 영화 평론가에게 이런 질문을 했습니다.

"왜 요즘엔 영화 평론가 분들께서 긴 평론을 안 쓰시는 거죠?"

영화 평론가가 대답했습니다.

"사람들이 읽지 않아서요. 열심히 써도 거의 읽지 않으세요. 나름 열심히 썼는데 누군가가 읽어줘야 쓸 맛이 나잖아요. 그래서 긴 평론보다는 한 줄 평을 쓰게 되는 거 같아요. 그리고 대부분의 독자 분이 한 줄 평만 기억하시더라고요."

이런 현상이 비단 온라인 커뮤니티와 영화 평론에만 적용되는 이야기는 아닙니다.

"점점 줄어드는 대한민국의 성인의 연평균 독서량", "대한민국 성인들의 연평균 독서량 0권"이라는 매스컴의 보도는 이제는 너무나 익숙합니다. 국민의 독서 실태를 조사한 결과가 나올 때마다 뉴스의 사회·문화 면을 채우는 단골 기사니까요. 문화체육관광부에서 조사한 국민 독서 실태조사에 따르면 2017년 성인의 연평균 독서량은 9.4권이었고, 2019년 조사에서는 7.5권으로 떨어졌죠. 2021년 조사에서는 어떻게 되었을까요? 무려 3권이나 떨어진 4.5권으로 나왔습니다. 4.5권은 종이책, 전자책, 오디오북을 모두 합친 숫자이며 종이책은 2.7권으로 조사되었습니다. 1년에 종이책을 3권도

문화체육관광부(2018), 「2017 국민 독서실태 조사」
문화체육관광부(2020), 「2019 국민 독서실태 조사」
문화체육관광부(2022), 「2021 국민 독서실태 조사」

읽지 않는다는 말이죠.

학생들의 연간 독서량도 해마다 떨어지고 있습니다. 수년 전부터 그림책이 교사 교육, 학생 교육 시장의 유행을 이끌어가고 있는 것도 이런 추세와 무관하다고 말하긴 어려울 것입니다. 제 주변에 있는 교사 분들도 학생들이 줄글로 된 책은 전혀 읽질 않으니 아쉬운 대로 글이 적은 그림책으로 시작해봐야겠다는 생각으로 그림책을 연구하기 시작하셨습니다. 여전히 많은 교사, 학부모님들이 이렇게 생각하십니다.

'뭐라도 읽기만 해줬으면….'

디지털 시대의 도래와 영상 매체

그렇다면 이렇게 책을 읽지 않는 이유가 무엇일까요? 정보를 접하는 매체가 책, 신문, 잡지와 같은 인쇄 매체에서 음성 매체나 영상 매체로 바뀌었기 때문입니다.

세상을 살아가기 위해서는 지식과 정보가 필요합니다. 과거에는 지식과 정보를 대부분 인쇄 매체를 통해 받아들였습니다. 하지만 디지털시대의 도래와 함께 더는 지식과 정보의 유입 장소를 인쇄 매체로 한정할 필요가 없어졌죠. 다양한 매체를 통해 다양한 유형으로 지식과 정보를 얻을 수 있는 시대가 되었습니다. 연평균 독서량이 하락 그래프를 그리고 있는 것과 반대로 유튜브를 포함한 영상 플랫폼에서의 시청 시간이 유례없는 상승 그래프를 그리고 있는 현상은 이를 방증하고 있습니다.

영상은 사람들이 집중하게 만드는 것을 넘어 '혼'을 빨아들인다고 할 정도

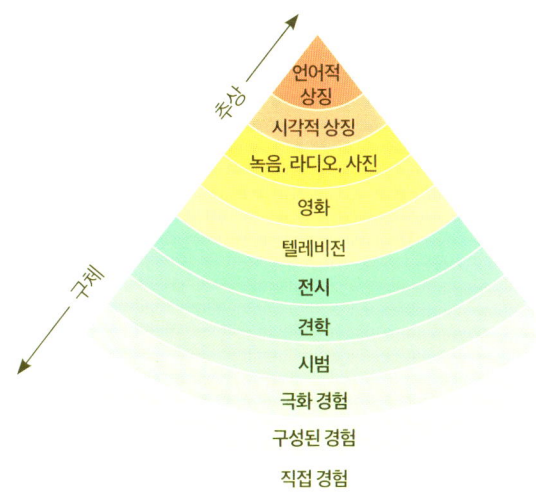

경험의 원추

로 강력한 매체입니다. 이런 사실은 지금으로부터 수십 년 전 시청각 자료를 활용한 교육의 중요성을 역설했던 에드가 데일(Edgar Dale)이 고안한 경험의 원추(Cone of experience)에도 잘 나타나 있습니다. 그는 영상 매체 등을 통한 구체적인 경험이 글과 말과 같은 추상적인 경험보다 학생들을 몰입시킨다고 주장하며, 학습자의 특성을 고려하여 적재적소에 구체성이 높은 매체를 활용하는 교수·학습 방안을 제안했습니다.

Edgar Dale(1947), Audio-Visual Methods in Teaching, New York: Dryden Press.

지식을 설명해주는 유튜브 채널

유튜브 태동기에 유튜브는 '시간 때우기 콘텐츠(Wasting time contents)들의 집합소'라는 인식이 있었습니다. 그 시절에는 주로 게임, 먹방 콘텐츠가 주를 이뤘죠. 하지만 시간이 지나면서 유튜브 생태계 속 소재들은 너무나 다양해졌습니다. 노래, 춤, 뷰티, 패션, 게임, 여행, 아웃도어, 음식, 요리, 예능, 기술, 과학 등 일일이 열거할 수 없을 정도로 다양한 창작물을 만들어내는 유튜브 크리에이터들이 모이기 시작했죠. 동물행동학을 연구하는 생물학자 최재천 교수의 '아마존', 방대한 세계사 및 문화에 관한 콘텐츠를 다루는 '조승연의 탐구생활', 국제 정치와 역사를 다루는 '김지윤의 지식Play', 사회경제적인 이슈를 이해하기 쉽게 설명해주는 '지식한입'까지 유수의 전문가들이 영상 매체를 통해 자신만의 이야기를 하고 있습니다.

이와 더불어 책의 내용을 설명해주는 유튜버도 늘어났습니다. 한 권의 책을 읽고 그 내용을 구독자들이 이해하기 쉽게 풀어서 설명해주는 북튜버(Book+Youtuber)입니다. '책 읽는 문학관', '겨울서점', '공원생활'과 같은 채널에서 북튜버들의 책 소개를 듣다 보면 직접 책을 읽지 않았음에도 읽은 것 같은 느낌이 듭니다. 무엇보다도 이해하기 쉽게 설명해준다는 점이 가장 큰 장점입니다. '벽돌 책'이라고 불리는 두꺼운 책도 중학생 수준이면 이해할 수 있는 수준으로 풀어 설명해줍니다.

이처럼 온라인 미디어 플랫폼의 발달은 지식과 정보 전달 방식의 혁신을 가져왔습니다. 지식과 정보 전달 도구의 변화로 인해 사람들은 인쇄 매체보다 영상 매체가 편해졌습니다. 오래된 친구인 책을 멀리하고 새로운 친구인 스마트폰과 가까워진 것입니다.

디지털 전환의 시대에 필요한 문해력

전문 지식도 영상으로 보는 시대. 심지어 논문도 누워서 유튜브로 보는 시대. 이런 시대의 흐름을 막을 수 있을까요? 아마 과거로 되돌아가는 건 쉽지 않을 겁니다. 전 세계 사람들의 일상 속에 이미 영상 매체를 포함한 실시간 인터넷 방송, 팟캐스트, 온라인 커뮤니티 등 뉴미디어(New media)가 깊숙이 들어와 있습니다.

지금의 초등학생들, 즉 알파세대는 성인들보다 훨씬 뉴미디어와 친합니다. 이런 세대에게 "책, 신문, 잡지와 같은 인쇄 매체를 자주 봅시다."라고 이야기해봤자, 너무나도 익숙한 인터넷 기반의 뉴미디어를 떼어내긴 어려울 겁니다. 그렇다면 어떻게 해야 할까요?

변화를 인정해야 합니다. 세상이 변함에 따라 사람들이 변화했다는 사실을 받아들여야 합니다. 그리고 변화된 흐름에 맞춰 교육해야 합니다. 물론 종이책을 버려야 한다는 말은 아닙니다. 인쇄 매체인 종이책만큼 뉴미디어를 중요하게 다룰 필요가 있다는 뜻입니다. 앞으로는 홈페이지, 블로그, 전자책 및 SNS를 통해 접하는 콘텐츠를 검색하고, 읽는 법이 중요해질 것입니다. 종이책을 읽는 것과 온라인에서 글을 읽는 것은 느낌이 다릅니다. 두 페이지를 한눈에 볼 수 있는 종이책 읽기와 스크롤을 내려가며 읽는 온라인 읽기. 이 2가지 활동에 요구되는 뇌의 움직임과 각각의 활동을 통해 발달되는 뇌의 부위는 다르다고 알려져 있습니다. 앞으로의 독해는 종이책을 통한 독해 못지않게 디지털 독해가 중요합니다. 이와 같은 맥락에서 최근 앱에서 글을 읽으면 문해력을 진단하여 맞춤형 처방을 내려주는 인공지능 기반 애플리케이션 '레서'가 교사와 학생들 사이에서 많은 인기를 끌고 있습니다. 그뿐만 아니라 2025년부터 도입되는 AI 디지털 교과서에 잘 적응하기 위해 디지털 문해력을 연마할 필요가 있습니다.

  이러한 변화의 흐름을 미리 읽은 핀란드, 호주 등지에서는 뉴미디어를 포함한 매체 교육을 중요하게 다루고 있습니다. 멀티 리터러시, 미디어 리터러시와 같은 능력을 학생들에게 필요한 필수 역량으로 상정하고 그 내용을 교육과정에 제시하고 있습니다.* 우리나라 교육과정에서도 그 중요성을 인식하여 2022 개정 교육과정 국어과에 매체 영역을 신설했고, 이는 우리 학생들의 디지털 문해력을 길러주는 데 큰 도움이 될 것으로 예상됩니다.

---

* 정현선, 장은주(2021), 「2022 개정 교육과정의 미디어 리터러시 교육 강화 방안」, 교육부·한국청소년정책연구원.

디지털 기반
교수·학습 혁신

디지털 기반 교수·학습 혁신의 가속화

2020년 3월, 교육계는 혼돈 그 자체였습니다. 코로나19의 확산으로 교육부는 전국에 있는 모든 학교의 3월 2일 개학을 연기했죠. 처음 연기된 날짜는 3월 9일이었습니다. 하지만 그 확산세가 줄어들지 않아 개학을 3월 23일로 다시 연기했습니다. 그리고 3월 23일에도 학생들은 학교에 갈 수 없었습니다. 개학이 다시 연기되었기 때문입니다. 결국 2020년 3월 17일, 교육부에서는 3차 개학 연기를 공표했고 개학은 4월로 미뤄지게 되었습니다.

 4월이 되어서야 '온라인 개학'이라는 유례없는 개학이 이루어졌습니다. 그 당시 제가 근무하던 학교 선생님들은 교육과정을 어떻게 운영해야 할지 심각한 고민에 빠졌습니다. 온라인 개학이라는 개념 자체가 생소했을 뿐만 아니라 학교에 나오지 않는 학생들을 어떻게 관리하고, 학습 진도를 어떻게 확인해야 할지 막막한 일들이 천지였기 때문입니다.

"줌(Zoom)이라는 게 있다는데 뭔지 알아요?"

"우리 학교에 실시간 쌍방향 수업을 하시는 선생님이 몇 분 정도 될까요?"

"아이들이 학교에 못 나오는데 과제 점검을 어떻게 해야 할까요?"

온라인 개학은 대혼돈이었습니다. 하지만 어두운 면이 있으면 밝은 면도 있는 법. 디지털 기반 교수·학습이 발전할 기회가 된 것도 사실입니다. 2020년 대한민국 교육계에서는 다음과 같은 일들이 일어났습니다.

- 학교가자닷컴, 안녕학교닷컴 등 원격 수업 지원 플랫폼의 탄생
- 줌, 구글 미트, 온더라이브 등을 활용한 실시간 쌍방향 수업의 확대
- 패들렛, 라이브워크시트, 플립그리드 등 디지털 기반 학습 도구 활용 확대
- e학습터의 학습관리시스템(LMS) 기능의 향상
- 유튜브 내 교육 콘텐츠 비중 확대
- 교사 유튜브 크리에이터 증가
- 교사의 에듀테크 활용 능력 향상
- 태블릿PC의 학교 보급 확대

위기는 곧 기회라는 말이 있죠? 온라인 개학을 하지 않았다면 이러한 변화가 이토록 짧은 시간 안에 이루어지지 않았을 것입니다.

디지털 기반 교육혁신 방안[*]

2023년 2월, 교육부에서 발표한 디지털 기반 교육혁신 방안에 따르면, 그 기본 방향성을 '교육의 본질 회복'에 두고 있습니다.

- AI가 대체할 수 없는 인간의 고유한 창의성, 비판적 사고력, 인성, 협업 능력을 키울 수 있도록 개념 중심 교육과 문제해결 중심 교육 강화
- 모든 학생이 자신의 학습 목표, 학습 역량, 학습 속도에 맞는 맞춤 교육을 받고, 교사와 학생이 인간적으로 연결되는 체제 구현

이러한 기본 방향하에 디지털 기반 교육혁신을 위해 다음과 같은 5가지 추진 방안을 제안했습니다.

1. AI 기술 및 데이터 과학을 활용한 디지털 교과서 개발
2. 역량을 갖춘 교원 양성을 위한 집중 연수
3. 디지털 기술 활용 교수·학습 방법 개발
4. 시범교육청 중심 디지털 선도학교 운영
5. 디지털 인프라 확충

이 가운데 눈여겨볼 것은 현재 학교 현장에서 화두가 되는 AI 디지털 교과서, 디지털 기술 활용 교수·학습 방법, 디지털 인프라입니다.

교육부(2023), 「디지털 기반 교육혁신 방안」, 교육부.

AI 디지털 교과서

AI 디지털 교과서 개발은 교육부의 디지털 기반 교육혁신 방안의 핵심입니다. 그리고 AI 디지털 교과서가 잘 만들어지고 활용되기 위해서는 나머지 4가지 방안이 충족되었거나 추진되어야 합니다.

AI 디지털 교과서는 생소할 수 있지만, 디지털 교과서는 많이 들어보셨을 겁니다. 2015 개정 교육과정에 기반하여 만들어진 초등 3~6학년의 사회, 과학, 영어 교과에서 디지털 교과서가 현장에 보급되어 있으니까요. 하지만 대부분의 교사가 이를 사용하지 않습니다. 교사들이 현장에서 디지털 교과서를 사용하지 않은 이유는 다음과 같습니다.

- 서책형 교과서와 내용과 방법적인 부분에서 크게 다른 점이 없다.
- 서책형 교과서에 비해 사용하기 불편하다.
- 디지털 교과서가 아니라도 인터넷에 활용할 자료들이 더 많다.

이런 점에서 향후 개발될 AI 디지털 교과서의 숙제는 품질 향상과 더불어 교사들의 인식 전환입니다.

2023년 6월, 교육부에서는 AI 디지털 교과서 추진 방안을 발표했습니다. 새롭게 개발될 AI 디지털 교과서의 특성을 대표하는 키워드는 다음 4가지입니다.[*]

---

[*] 교육부(2023), 「AI 디지털교과서 추진방안(안)」, 교육부.

- 맞춤 학습(Adaptive Learning)
- 흥미와 몰입(Interesting & Immersion)
- 다양성과 데이터 기반(Diversity & Data-driven)
- 첨단 기술 적용(High Technology)

첫 번째 '맞춤 학습'은 학습자의 특성(수준, 속도 등)을 고려해 맞춤 학습의 경험을 제공한다는 의미입니다. 두 번째 '흥미와 몰입'은 학습자가 학습에 흥미를 가지고 몰입할 수 있는 학습 경험을 제공한다는 의미입니다. 세 번째 '다양성과 데이터 기반'은 다양한 학습자를 고려하며 데이터에 기반한 학습 경험을 제공한다는 의미입니다. 네 번째 '첨단 기술 적용'은 생성형 AI, VR, AR, MR, 메타버스 등 첨단 기술을 접목한 학습 경험을 제공한다는 의미입니다.

구체적으로 AI 디지털 교과서는 어떤 역할을 할까요? 학생들에게 가장 도움이 되는 역할은 학생들의 '학습 수준 진단'입니다. ○○이는 "(분수) × (자연수)는 잘 해결하는데 (분수) × (분수)는 어려워한다."와 같은 사실을 AI가 평가하여 알려주는 것이죠. 또한 학생들이 AI 디지털 교과서를 사용하여 학습하는 과정에서 학생들의 학습에 도움을 줄 수 있는 다양한 학습 데이터들을 추출할 수 있습니다. 예를 들면 ○○이가 문제를 푸는 데 걸리는 시간, 학습 내용별 이해도, 학습 준비도(사전 학습, 수업 전 영상 등), 학습 참여도, 학습 선호도 등을 알려줍니다.

지금까지는 이러한 데이터 수집과 평가를 교사가 해왔습니다. 사실 20명이 넘는 학생들의 학습 특성을 한 명의 교사가 정량적으로 파악한다는 것은 어려운 일이죠. 하지만 인공지능의 도움을 통하면 데이터에 기반한 수업 설계·운영이 가능할 것입니다. AI 디지털 교과서 생태계 안에서 학생들은 개인별 특성에 맞춰 학습하고, 교사들은 학생들의 학습 데이터를 기반으로 수업을 설계·운영하고, 학부모들은 내 아이의 학습과 관련해 조금 더 객관적인 데이터를 얻을 수 있습니다.

디지털 기술을 활용한 교수·학습 및 평가 방법 개발

최근 수업에서 디지털 기술을 활용하는 분위기가 확산되었습니다. 참여형 수업 플랫폼, 실시간 퀴즈 플랫폼과 같은 에듀테크 소프트웨어를 특히 많이 사용합니다. 퀴즈, 토의·토론, 보드, 워크시트 등을 모두 사용할 수 있는 '띵커벨'은 많은 교사들의 사랑을 받고 있습니다. 게이미피케이션 플랫폼 '퀴즈앤(QuizN)'과 '카훗(Kahoot)'의 인기도 여전하고요. 설문, 토론, 의견 수렴에 유용한 '멘티미터(Mentimeter)'도 꾸준히 교육자들의 사랑을 받고 있습니다.

   다만, 이러한 에듀테크 플랫폼 활용에도 한 가지 아쉬운 점이 있습니다. 전통적인 수업의 틀을 그대로 유지한 상태에서 수업의 일부분으로만 활용한다는 것입니다. 하지만 디지털 기술을 적극적으로 활용한다면 현재 교실의 수업 장면을 바꿀 수 있습니다. 마이클 혼과 헤더 스테이커는 『블렌디드(Blended)』에서 4가지 블렌디드 러닝 모델을 제안했습니다. 순환 모델(Rotation model), 플렉스 모델(Flex model), 알라카르테 모델(A La Carte model), 가상학습 강화 모델(Enriched virtual model)이 그것입니다.* 블렌디드 러닝의 핵심은 '그동안 우리가 생각했던 수업의 틀을 벗어난 수업'이라는 것입니다.

디지털 기술이 기반이 된 블렌디드 러닝을 활용하면 전체 수업 내용 중 특정 부분은 온라인으로 학습해야 해서 장소를 옮겨서 수업을 들을 수 있습니다. 하나의 과목을 온전히 온라인으로만 학습할 수도 있습니다. 이때 챗GPT 등 인공지능 플랫폼을 활용하면 학습은 물론 학습 결과물을 제작할 때도 수준 높은 성과를 낼 수 있습니다.

줌, 구글 미트 등의 화상회의 플랫폼을 통해 2020년부터 시공간에 구애받지 않는 블렌디드 러닝이 가능해졌고, 2023년 현재는 디지털 기술, 인공지능 기술을 수업 현장이나 교사의 교육 업무에 어떻게 활용하는지에 따라 교수·학습 모델들이 더 다양해질 것으로 보입니다.

디지털 인프라 확충

현재 학교에 구축 중인 디지털 인프라는 크게 3가지로 나눠 살펴볼 수 있습니다. 무선망, 디지털 기기, 그리고 교실입니다. 코로나 이후 빠르게 구축했던 무선망은, 교육부 발표 자료에 따르면 2022년 기준으로 학습공간 대비 111%의 무선망이 구축되어 있다고 합니다. 디지털 기기 보급의 핵심은 1인 1태블릿PC 보급 사업입니다. 교육부에서 발표한 디지털 기반 교육혁신 방안에 따르면 2022년 3월 기준으로 학생 1인에게 할당된 태블릿PC(또는 노트북)은 0.28대라고 합니다. 2023년 6월 현재 대부분의 학교는 5, 6학년용 ○○대, 3, 4학년용 ○○대처럼 학년군별로 태블릿PC를 사용하는 방

Michael B. Horn & Heather Staker(2011), Blended: Using Disruptive Innovation to Improve Schools. Jossey-Bass. 장혁, 백영경 역(2021), 『블렌디드』, 에듀니티.

식을 취하고 있습니다. 1, 2학년은 타 학년의 태블릿PC를 빌려다가 사용하는 경우가 많고요. 노트북은 초등학교보다는 중·고등학교를 중심으로 보급되고 있습니다. 교육부 자료에 따르면 AI 디지털 교과서 적용이 본격화되는 2025년에는 초3·4, 중1, 고1 학생들이 1인 1디바이스를 사용하게 되고, 2026년 이후에는 초5, 초6, 중2, 고2 학생들이 순차적으로 디지털 기기를 보급받게 된다고 합니다. 계획이 차질 없이 진행된다면 2027년이나 2028년 즈음에는 모든 학생들이 1인 1디바이스를 사용하게 될 것입니다.

디지털 인프라 구축과 관련하여 앞으로 혁신적으로 교실은 변화할 것입니다. 디지털 기반 교육혁신을 위해서는 현재의 교실 공간에서도 변화가 이루어져야 합니다. 교육부, 과학기술정보통신부, 한국과학창의재단이 주축이 되어 진행하고 있는 인공지능교육 선도학교 사업은 이러한 공간의 변화를 목적으로 한 사업입니다. 기존 교실을 인공지능교육을 포함한 디지털 교육을 할 수 있는 미래형 교육공간으로 바꾸는 사업이죠. 지금 이 시간에도 디지털 기반 교육혁신을 위한 문제해결형 교실, 학습과 놀이를 겸하는 교실, 스마트 기기를 활용해 맞춤형 학습을 할 수 있는 교실이 만들어지고 있습니다.

PART 2

2022 개정 교육과정과 디지털 소양 교육

디지털 소양 교육이란?

디지털 소양이란

'디지털 소양'이라는 말이 조금 생소하게 들리는 이유는 아마도 '소양'이라는 단어가 교육계에서 널리 사용되는 단어가 아니기 때문일 것입니다. 표준국어대사전에 따르면 소양(素養)은 '평소 닦아놓은 학문이나 지식'이라는 뜻을 지니고 있습니다. 그리고 우리 생활에서는 다음과 같이 활용되고 있습니다.

- 독서를 하여 문화적 소양을 기르자.
- 전문가들에게는 기술과 소양이 필요하다.
- 폭넓은 소양을 가진 네가 부럽다.

이에 따르면 소양은 '평소에 기본적으로 준비해둬야 하는 지식의 기본기'라고 할 수 있습니다.

2022 개정 교육과정 총론에서는 교육과정 구성의 중점으로 다음과 같은 내용을 고시했습니다.

"모든 학생이 학습의 기초인 언어·수리·디지털 기초소양을 갖출 수 있도록 하여 학교 교육과 평생 학습에서 학습을 지속할 수 있게 한다."

언어를 중심으로 다른 사람들과 소통하는 언어 소양, 수리적 정보와 사고 방법을 이용하여 문제를 해결하는 수리 소양, 마지막으로 디지털 지식과 기술을 바탕으로 정보를 수집·분석, 이해·평가하여 새로운 정보와 지식을 생산·활용하는 디지털 소양. 2022 개정 교육과정에서는 이 3가지 소양을 학습의 기초이자, 학교교육뿐만 아니라 평생 학습자로서 살아가는 데 필요한 중요한 능력으로 설정했습니다.

디지털 소양은 미래를 대비하기 위한 핵심 역량입니다. 디지털 소양의 강

기초 소양	개념
언어 소양	언어를 중심으로 다양한 기호, 양식, 매체 등을 활용한 텍스트를 대상, 목적, 맥락에 맞게 이해하고, 생산·공유, 사용하여 문제를 해결하고 공동체 구성원과 소통하고 참여하는 능력
수리 소양	다양한 상황에서 수리적 정보와 표현 및 사고 방법을 이해, 해석, 사용하여 문제 해결, 추론, 의사소통하는 능력
디지털 소양	디지털 지식과 기술에 대한 이해와 윤리 의식을 바탕으로, 정보를 수집·분석하고 비판적으로 이해·평가하여 새로운 정보와 지식을 생산·활용하는 능력

교육부(2022), 「초·중등학교 교육과정 총론」, 교육부 고시 제2022-33호[별책 1].
교육부(2023), 「2023년 제4권역 2022 개정 교육과정 총론 핵심교원 연수」.

조는 이전 교육과정인 2015 개정 교육과정과 차별화되는 점입니다. 그동안 디지털 소양과 관련된 내용을 교육과정에 언급해오긴 했지만, 디지털 소양이 언어 소양, 수리 소양과 어깨를 나란히 하게 된 건 이번 교육과정이 처음입니다.

디지털 소양의 개념에서 특징적인 부분은 두 부분입니다.

첫 번째는 '새로운 정보와 지식의 생산'입니다. 그동안에는 디지털 세상 속 지식과 정보를 잘 이해하고 활용하는 것을 학생의 역할로 봤습니다. 이제는 주체적으로 디지털 콘텐츠를 생산하는 것까지를 학생의 역할 및 학습의 기초로 설정합니다. 그 이유는 요즘 많은 초등학생이 디지털 창작자로서 살아가고 있기 때문입니다. 인공지능 기술을 위시한 디지털 기술의 급속한 발전으로 인해 누구나 쉽게 새로운 정보와 지식을 생산할 수 있는 시대가 되었습니다.

두 번째는 '디지털 지식과 기술에 대한 윤리 의식'입니다. 디지털 지식과 기술에 대한 윤리 의식에는 개인정보 보호, 스마트폰 중독, 지적재산권, 디지털 언어폭력, 디지털 성범죄와 같은 내용이 포함됩니다. 이와 같은 윤리 의식 부분은 학생들의 건전한 디지털 기기 사용, 안전한 환경에서의 디지털 기기 사용을 위해 꼭 필요한 부분입니다. 그동안 사람들의 디지털 윤리 의식이 디지털의 발전 속도를 따라가지 못한다는 사회적 비판이 많았습니다. 이 점을 보완하기 위해 2022 개정 교육과정에서는 디지털 윤리 의식을 바탕으로 디지털 소양을 기르는 것을 지향하고 있습니다. 디지털 소양은 디지털 기기에 대한 지식을 많이 아는 것, 디지털 기기를 능숙하게 잘 활용하는 것과 함께 디지털 세상에서 올바르게 살아가는 것까지를 포함하는 개념입니다.

디지털 소양 교육이 필요한 이유

국어, 수학, 사회, 과학, 영어 등 교육과정 내에 편성되어 있는 교과를 올바르게 지도하는 것만으로도 교사들은 마음과 시간의 여유가 부족합니다. 그런데 여기에 역량이니, 소양이니 하는 개념들이 계속해서 들어오다 보니 현장에 있는 교사들의 입장에서는 부담될 수밖에 없습니다.

'그렇지 않아도 가르쳐야 할 게 많은데 앞으로는 디지털 소양까지 가르쳐야 하는 걸까?'

이런 생각을 하는 게 어쩌면 당연합니다. 원래 있었던 전통적인 교과목들이 자리를 내어주지 않으면서 교육과정이 개정될 때마다 새로운 것들이 더해지기 때문입니다. 혹자는 NIE(신문 활용 교육)나 STEAM(과학·기술·공학·예술·수학의 융합교육)처럼 디지털 소양 교육도 일종의 유행이라고 비판합니다. 디지털 소양은 성인들에게나 필요한 것이지 초등학교 때부터 디지털 기기를 자주 만지는 게 교육적으로 바람직하지 않다고 생각하시는 분들도 많습니다.

정말로 디지털 소양이 지금으로부터 10년 뒤에는 그다지 유용하지 않을 스쳐 지나가는 바람 같은 것일까요? 성인들에게만 필요하고, 초·중등 교육에서는 잠시 미뤄둬야 할 숙제 같은 것일까요?

디지털 소양 교육이 필요한 이유를 크게 2가지로 정리해봤습니다.

첫째, 디지털 전환은 거스를 수 없는 미래사회의 흐름이기 때문입니다. 2022 개정 교육과정 총론에 따르면 교육과정 변화의 주요 배경과 그에 따른 교육과정 구성의 중점 내용에서 '디지털 전환'이 첫 번째로 등장합니다.

"디지털 전환, 기후·생태환경 변화 등에 따른 미래사회의 불확실성에 능동적으로 대응할 수 있는 능력과 자신의 삶과 학습을 스스로 이끌어가는 주도성을 함양한다."

시간이 흐를수록 기후변화와 환경오염이 심해지는 것처럼 시간이 흐를수록 우리 사회의 많은 부분이 디지털로 대체될 것입니다. 아마존과 같은 거대 기업을 비롯해 산업계 전반에서 로봇을 사용하고 있으며, 가깝게는 우리 주변의 식당에서 키오스크나 사람 대신 음식을 가져다주는 로봇을 흔히 볼 수 있습니다. 자율주행차도 빼놓을 수 없죠. 디지털 기기가 사람이 해야 하는 일을 대신하고 있는 것입니다.

디지털 전환은 우리의 예상보다 급격합니다. 교육부에서는 미래사회라는 단어를 사용했지만, 사실 그 누구도 미래사회가 어떠할지 가늠할 수 없습니다. 변동성, 불확실성이라는 세상의 흐름에 맞춰 변화하는 환경에 적응하는 방법을 찾아갈 뿐이죠. 그런 점에서 미래사회를 살아가기 위해서는 먼저 디지털과 친해져야 합니다. 일정 수준 이상의 디지털 소양을 가지고 있어야 세상이 어떻게 변하든 맞춰서 적응하고 학습해갈 수 있지 않을까요?

둘째, 디지털 기업들이 세상을 주도하고 있기 때문입니다. 갑자기 교육 이야기를 하다 기업 이야기를 왜 하느냐고요? 교육은 산업 및 사회의 변화, 자본의 흐름과 복잡하게 얽혀 있습니다. 더욱이 요즈음은 애플, 구글, 마이크로소프트와 같은 빅테크 기업들이 교육과 관련된 하드웨어, 소프트웨어를 지속적으로 개발하고 있고, 이를 앞장서서 사용하는 교육자들을 만들어

* 교육부(2022), 「초·중등학교 교육과정 총론」, 교육부 고시 제2022-33호[별책 1].

내고 있습니다. 애플의 '애플 우수 교육자', 구글의 '구글 공인 교육자', 마이크로소프트의 '마이크로소프트 혁신 교사'가 바로 그들입니다. 앞으로는 이런 분위기가 더욱 심화되겠죠?

미국의 브랜드 컨설팅 기업 인터브랜드(Interbrand)는 브랜드 가치를 기준으로 세계적인 브랜드들의 순위를 다음과 같이 정리했습니다.

세계 10대 브랜드 순위

순위	2012년	2022년
1	코카콜라	애플
2	애플	마이크로소프트
3	IBM	아마존
4	구글	구글
5	마이크로소프트	삼성
6	제네럴 일렉트릭	도요타
7	맥도날드	코카콜라
8	인텔	메르세데스 벤츠
9	삼성	디즈니
10	도요타	나이키

2012년부터 2022년까지 10년이라는 시간 동안 많은 게 변했습니다. 1위에 있던 코카콜라가 무려 7위로 떨어졌습니다. 스마트폰을 만들어내는 애플과 삼성의 성장이 돋보이죠? 이커머스와 함께 인터넷상에 각종 문서, 사진, 음악, 영상 등의 파일을 저장하는 클라우드 산업의 강자인 아마존이 10위

Interbrand(2012), "Best Global Brands 2012" ; Interbrand(2022), "Best Global Brands 2022".

권 밖에서 들어와 3위를 차지했습니다. 물론 도요타나 메르데세스 벤츠라는 자동차 회사가 포함되어 있긴 하지만, 완전 자율주행 자동차의 시대가 온다면 자동차는 하나의 전자 제품이 될 가능성이 큽니다. 스마트폰만으로 자동차를 자유롭게 제어하는 자동차의 미래를 테슬라가 보여줬듯이 말입니다.

이렇듯 우리는 이미 디지털 기업들이 주도하는 세상 속에서 살고 있습니다. 이 세상에 잘 적응해 사는 방법은 디지털 소양을 갖추는 것입니다.

이렇게 반문하실 분이 있을지도 모르겠네요.

"그럼 애플이나 아마존, 구글에 취업하기 위해 디지털 소양을 길러야 한다는 말씀이신가요?"

물론 아닙니다. 기업에서 원하는 인재가 되기 위해 디지털 소양을 길러야 한다고 볼 수는 없습니다. 너무 당연한 이야기지만, 교육의 목표가 '애플 입사', '구글 입사'가 될 순 없기 때문입니다.

그러나 미래를 살아가야 하는 지금의 학생들에게는 디지털 소양 교육이 필요하다고 생각합니다. 애플이나 구글에 입사하지 않더라도 요즘에는 벼농사를 지어도, 과수원에서 사과를 길러도 디지털 소양이 필요합니다. 생산 과정에서도 디지털 기술을 이용하고 있고 유통·판매 과정에서도 디지털 기술이 광범위하게 활용되고 있기 때문입니다. 그런 점에서 디지털 소양을 함양하는 건 이제 선택이 아니라 필수입니다.

이렇다 보니 디지털 리터러시에 대한 세계인의 관심이 계속해서 높아지고 있습니다. 디지털 리터러시와 관련된 연구는 2000년대 초반부터 활발하게 이루어지고 있습니다. 미국에서 발간되는 연구물은 셀 수 없이 많습니다. 한국에서도 그 수가 점차 늘어나고 있고요. 다음은 구글 트랜드를 이용하여 지난 5년간 디지털 리터러시라는 키워드가 어떻게 검색되고 있는지를

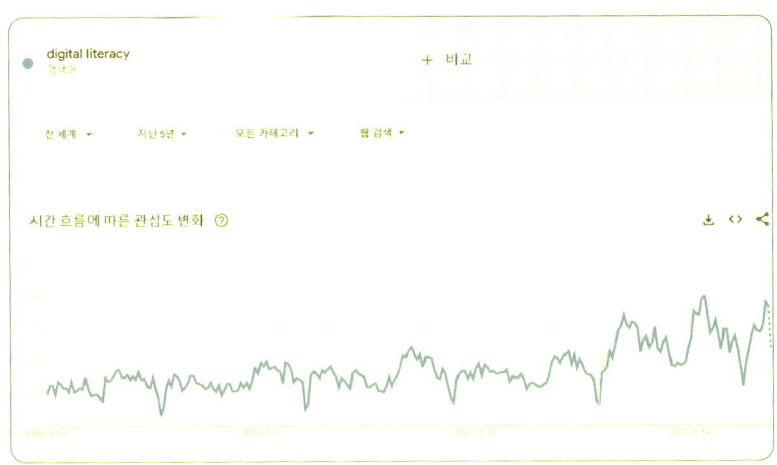

추출한 데이터입니다. 디지털 리터러시라는 주제에 대해 점점 사람들의 관심이 높아지고 있다는 걸 알 수 있죠? 이런 추세라면 앞으로도 디지털 리터러시에 관한 관심은 더 확대될 것입니다.

앞서 이야기한 이유 외에도 디지털 소양을 함양해야 하는 이유는 많습니다. 이 책을 읽고 있는 선생님들의 생각은 어떠신가요? 누군가가 "디지털 소양 교육이 왜 필요하다고 생각하시나요?"라고 묻는다면 어떻게 대답하실 건가요? 잠시 책장을 덮고, 숙고해보는 시간을 가져보셔도 좋을 듯합니다. 교육자 스스로가 그 필요성을 느끼는 게 교육의 출발점이니까요.

2022 개정 교육과정과 디지털 소양 교육

내용 지식 없는 기능만으로 디지털 소양을 가르치는 게 가능할까요? 어렵다고 생각합니다. 문제해결력, 창의력, 비판적 사고력 등 다른 역량들이 그러하듯 말이죠. 그런 이유로 2022 개정 교육과정에서도 디지털 소양은 교과와 연계하여 교육하는 방향을 모색한 것으로 보입니다.

그럼 지금부터 디지털 소양 관련 내용이 2022 개정 교육과정에 어떻게 반영되었는지 살펴보겠습니다. 이 내용을 꿰고 있으면 학년 교육과정을 재구성할 때 디지털 소양을 연결할 수 있는 핵심 아이디어를 놓치지 않을 수 있습니다.

국어과 교육과정과 디지털 소양 교육

2022 개정 국어과 교육과정에서는 신장해야 할 교과 역량으로 '디지털·

미디어 역량'을 제시했습니다. 이는 2015 개정 교육과정에서 '자료·정보 활용 역량'이라고 불리던 것을 확장해 정의한 것으로 볼 수 있습니다. 또한 매체 영역이 신설되었습니다. 2015 개정 교육과정에서 부분적으로 등장하던 매체와 관련된 내용의 비중과 중요성을 확대한 것으로 볼 수 있죠. 먼저 2015 개정 국어과 교육과정에 제시된 매체 관련 성취기준을 살펴볼까요?

> [6국01-05] 매체 자료를 활용하여 내용을 효과적으로 발표한다.
> [6국02-05] 매체에 따른 다양한 읽기 방법을 이해하고 적절하게 적용하며 읽는다.
> [6국03-02] 목적이나 주제에 따라 알맞은 내용과 매체를 선정하여 글을 쓴다.

2015 개정 국어 교육과정을 살펴보았더니 5, 6학년 성취기준에서 매체와 관련된 내용을 제시하고 있었습니다. 여기서 말하는 매체는 그림, 표, 사진, 동영상 등의 자료를 의미합니다. 사이좋게 듣기·말하기 영역에서 하나, 읽기 영역에서 하나, 쓰기 영역에서 하나씩 제시했습니다. 1~4학년에서는 매체와 관련된 성취기준이 없었습니다.

디지털·미디어 역량을 교육과정에 어떻게 반영하고 있는지를 살펴보기 위해 2022 개정 교육과정 국어과 매체 영역의 성취기준을 학년별로 정리해봤습니다.

교육부(2015), 「2015 개정 교육과정 총론 해설: 초등학교」, 교육부
교육부(2022), 「국어과 교육과정」, 교육부 고시 제2022-33호[별책 5].

> [2국06-01] 일상의 다양한 매체와 매체 자료에 흥미와 관심을 가진다.
> [2국06-02] 일상의 경험과 생각을 글과 그림으로 **표현한다.**
>
> [4국06-01] 인터넷에서 학습에 필요한 다양한 자료를 탐색하고 목적에 맞게 자료를 선택한다.
> [4국06-02] 매체를 활용하여 간단한 **발표 자료를 만든다.**
> [4국06-03] 매체 소통 윤리를 고려하여 매체 자료를 활용하고 공유한다.
>
> [6국06-01] 정보 검색 도구를 활용하여 자신의 목적에 맞는 매체 자료를 찾는다.
> [6국06-02] 뉴스 및 각종 정보 매체 자료의 신뢰성을 평가한다.
> [6국06-03] 적합한 양식과 수용자의 반응을 고려하여 **복합양식 매체 자료를 제작하고 공유한다.**
> [6국06-04] 자신의 매체 이용 양상에 대해 성찰한다.

2022 개정 교육과정 국어과 매체 영역 성취기준 중 인상적인 부분은 매체와 관련된 내용을 초등학교 1, 2학년부터 적용하고 있다는 것입니다. 또한 매체 자료에 대한 흥미와 관심을 넘어 매체로 표현하는 것을 성취기준으로 삼고 있습니다. 즉, 창작자의 역할을 부여한 것으로 볼 수 있습니다. 이런 창작 활동은 상급 학년의 성취기준에서도 계속해서 등장합니다.

저학년에서 매체를 활용하여 자신의 경험과 생각을 표현해보고 중학년에서는 발표 자료를 제작하게 됩니다. 아무래도 초등학생들에게 익숙한 파워포인트나 최근 인기를 끌고 있는 미리캔버스, 망고보드, 캔바 등을 사용하게 되겠죠? 그리고 고학년에서는 자료만 만드는 것에서 한 걸음 나아갑니다. 제작자의 의도를 효과적으로 나타내주는 양식에 맞춰 수용자들의 반응까지 고려한 자료를 만들게 되죠. 고학년 성취기준에 등장하는 복합양식 매체 자료란 글과 이미지, 영상이 함께 들어간 것으로, 중학년에 만들었던 발표 자료의 수준보다 조금 더 높은 수준의 결과물을 말합니다.

  2022 개정 교육과정 국어과 성취기준에서는 디지털이라는 단어를 구체적으로 언급하진 않습니다. 하지만 우리가 앞서 다뤘던 디지털 소양 속에 포함되는 매체와 관련된 내용이 핵심적으로 다뤄지고 있습니다. 매체 영역의 성취기준을 달성하기 위해서는 디지털 소양이 필요합니다. 물론 성취기준들을 달성해가면서 디지털 소양이 길러진다고도 볼 수 있겠고요.

사회과 교육과정과 디지털 소양 교육

2022 개정 교육과정 사회과 성취기준에서 디지털 소양과 관련된 내용을 찾아보면 수업 시 고려사항의 한 예로 디지털 매체 활용을 들고 있습니다.*

> **[4사01-02]** 주변의 여러 장소를 살펴보고, 우리가 사는 곳을 더 살기 좋은 곳으로 만드는 방안을 탐색한다.
> - 우리가 사는 곳의 여러 장소를 탐색할 때는 디지털 영상지도, 사진 등의 자료나 현장답사 등으로 실제 모습을 파악하는 활동을 수행할 수 있다.

교수·학습 및 평가에서는 디지털 소양이 다음과 같이 제시됩니다.

교육부(2022), 「사회과 교육과정」, 교육부 고시 제2022-33호[별책 7].

> 가-(1)-(아) 디지털 교육 환경의 조성에 따라 학습자에게 유용한 디지털 도구를 활용하고, 온오프라인 연계 수업, 원격 수업 등 다양한 학습 경험을 제공한다.
> 가-(2)-(사) 각종 디지털 기술과 정보 매체를 활용할 수 있도록 교실 환경을 조성하고, 지리정보시스템(GIS), 미디어 활용 교육, 디지털 기반 학습을 활용한다.
> 나-(1)-(차) 디지털 교육 환경에서의 다양한 평가 방법을 탐색하고 디지털 도구를 활용한 평가 방안을 마련한다.

2022 개정 교육과정 사회과 교수·학습 및 평가에 나타났듯이 사회과에서는 사회과의 내용 요소를 학습하는 수단으로 디지털 도구의 활용을 제시하였습니다. 사실 사회과는 다른 어떤 교과보다 디지털 도구의 활용 빈도가 높은 교과입니다. 특히 한국사나 지리 수업을 할 때 학생들이 직접 디지털 기기를 사용해 관련 자료를 조사하고 정리하는 활동을 많이 합니다. 실제성 있는 수업을 하기 위해서는 교과서 자료만으로는 부족한 부분이 있기 때문입니다. 그래서 다른 교과에 비해 디지털 기기를 활용한 정보의 수집, 분석, 비판적 이해 및 평가의 기회가 많습니다. 그뿐 아니라 사회과를 대표하는 핵심 역량인 문제 해결력과 의사 결정력을 신장하기 위해 새로운 정보와 지식을 생산하고 활용하는 경험도 많이 하게 됩니다. 그래서 혹자는 디지털 소양을 기르는 데 가장 적합한 교과로 사회 교과를 꼽기도 합니다.

사회과는 디지털 소양을 함양하는 데 매우 효과적인 교과입니다. 사회 시간에 디지털 도구를 조금만 활용하더라도 학생들의 관심을 유발하고 수업의 분위기를 끌어올릴 수 있습니다. 그뿐 아닙니다. 학습 결과물의 품질도 매우 높아집니다.

수학과 교육과정과 디지털 소양 교육

2022 개정 교육과정 수학과에서 디지털과 관련된 내용은 주로 교수·학습 및 평가에서 제시됩니다.*

> 가-(1)-(라) 수학 내용 특성에 적합한 교구나 공학 도구를 선택하여 효율적인 교수·학습이 이루어지도록 하고 학생들의 디지털 소양 함양을 도모한다. 그리고 수학 교과서 읽기, 수학 학습 과정과 결과 쓰기, 문장제 해결 등을 통해 학생들의 언어 소양 함양을 도모한다.

다만, 초등학교 수학에서는 주로 수학 교구와 온라인 플랫폼을, 고등학교 수학에서는 공학 도구와 온라인 플랫폼을 사용합니다. 고등학교에서는 진로선택과목으로 경제 수학과 인공지능 수학을 학습하는데, 내용의 특성, 학교 여건, 학생의 학습 능력과 수준 등을 고려하여 공학 도구 및 디지털 도구를 적절히 사용하며 교수·학습을 운영합니다.

평가 방법에서는 디지털 소양이 다음과 같이 제시됩니다.

> 나-(2)-(라) 교구나 공학 도구를 활용하여 평가할 때는 다음 사항을 고려한다.
> ① 성취기준의 도달 여부를 판단하는 데 교구나 공학 도구의 사용이 효과적인 경우 이를 활용한 평가를 실시할 수 있다.
> ② 교구나 공학 도구를 활용하여 평가할 때는 교구나 공학 도구의 기능 및 조작이 아닌 수학 내용의 탐구 과정을 평가한다.
> 나-(2)-(마) 온라인 수학 교수·학습 환경에서 평가할 때는 다음 사항을 고려한다.

---

* 교육부(2022), 「수학과 교육과정」, 교육부 고시 제2022-33호[별책 8].

① 온라인 수학 학습에서는 학생의 활동에 근거한 구체적인 자료를 사용하여 평가한다.

② 온라인 학습 플랫폼이나 학습 관리 시스템을 이용하여 학생의 수행 과정을 관찰하고 개별 맞춤형으로 환류할 수 있다.

③ 학생의 접속 환경 미비로 인한 불참 시 기회 부여 등에 대해 방안을 마련하고 형평성의 문제가 제기되지 않도록 사전에 안내한다.

교수·학습 및 평가의 방향을 바탕으로 초등학교 수학과 교육과정을 운영할 때 디지털 소양 함양을 위해 수학 시간에 실제로 활용해보고 학습 목표를 달성하는 데 효과적이었던 디지털 도구들을 모아봤습니다.

초등 수학 내용 요소	공학 및 디지털 도구 활용
• 소수의 곱셈과 나눗셈 • 비례식과 비례 배분 • 원주율과 원의 넓이 • 정육면체와 직육면체의 겉넓이와 부피	• 스마트폰 또는 태블릿PC의 전자계산기를 활용하여 복잡한 계산 해보기
• 도형의 기초 • 원의 구성 요소 • 여러 가지 삼각형 • 여러 가지 사각형 • 다각형	• 알지오매스(알지오 2D)를 활용하여 도형의 모양 이해하기
• 직육면체와 정육면체	• 알지오매스(알지오 3D)를 활용하여 쌓기나무 쌓기
• 각기둥과 각뿔 • 원기둥, 원뿔, 구	• 알지오매스(알지오 3D)를 활용하여 입체도형의 성질 이해하기

• 그림그래프, 막대그래프, 꺾은선그래프 • 띠그래프, 원그래프 • 평균	• 마이크로소프트의 엑셀, 구글의 시트, 통그라미 등을 활용하여 자료 수집하기
• 공통	• 라이브워크시트를 활용하여 디지털 환경 속 문제 풀이하기 • AI 이미지 인식 애플리케이션을 활용하여 동기 유발하기 • 구글 폼을 활용하여 문제 만들기 • 인터넷을 활용하여 정보 수집하기

과학과 교육과정과 디지털 소양 교육

2022 개정 교육과정 내용 중에서 디지털 소양에 대한 언급이 가장 친절한 교과는 과학이 아닐까 싶습니다. 2022 개정 교육과정 과학과에서는 학습 내용에 따라 성취기준을 제시하고 성취기준 적용 시 고려사항으로 디지털 소양 함양을 다음과 같은 형식으로 일관되게 기술했습니다.

> [4과07-02] 큰 소리와 작은 소리, 높은 소리와 낮은 소리를 구분하고, 세기와 높낮이가 다른 소리를 낼 수 있다.
> • 소리의 세기와 높낮이를 탐구할 때 디지털 탐구 도구를 활용할 수 있다.
>
> [4과12-03] 우리 생활에 생명과학이 이용되는 사례를 소개하는 자료를 만들어 공유할 수 있다.
> • 우리 생활에 생명과학이 이용되는 사례는 관련 도서와 누리망 자료를 활용

교육부(2022), 「과학과 교육과정」, 교육부 고시 제2022-33호[별책 9]

하고, 발표 자료를 만들고 공유하는 활동은 디지털 소양 교육과 연계하여 지도할 수 있다.

[6과01-03] 화석의 생성 과정을 모형으로 설명하고, 지구의 과거 생물과 환경을 추리하는 활동을 통해 화석의 가치를 인식할 수 있다.
- 디지털 소양 교육과 관련하여 실감형 자료를 활용한 화석 관찰도 가능하다.

[6과03-03] 일상생활에서 용액이 쓰이는 사례를 조사하여 용액의 필요성을 알리는 자료를 만들고 공유할 수 있다.
- 일상생활에서 용액의 사용 사례를 조사하여 우리 주변에서 용액의 중요성과 필요성을 이해할 수 있도록 한다. 디지털 소양 교육과 연계하여 포스터, 동영상 등 다양한 형태로 디지털 자료를 제작하여 누리망이나 사회 관계망 서비스 등에서 공유하도록 한다.

[6과12-03] 지구의 공전을 알고, 계절에 따라 달라지는 별자리를 관찰할 수 있다.
- 디지털 소양 교육 관련하여, 계절별 대표적인 별자리는 남쪽 하늘의 별자리를 중심으로 천체 관측 프로그램이나 실감형 자료를 활용하여 조사할 수 있다.

2022 개정 교육과정에서는 교육과정의 자율화와 분권화를 지향합니다. 이는 2015 개정 교육과정에서도 강조했던 부분인데, 앞으로 더 활성화될 것으로 생각합니다. 이렇게 되면 교과서 이전에 교육과정을 먼저 펼쳐보는 교사들이 늘어날 것입니다. 과학과 교육과정에서 디지털 소양 도구의 활용은 현장 교사들의 교육과정 운영에 큰 도움이 될 것 같습니다.

미디어 리터러시와 디지털 리터러시

2022 개정 교육과정에서 디지털 소양이라는 단어를 사용하기 전부터 교육계에서 디지털과 관련된 이야기가 나올 때마다 널리 활용되던 단어가 있습니다. 바로 디지털 리터러시입니다. 직역하면 디지털 문해력입니다. 문해력이 글을 읽고 사용하는 역량으로 알려져 있으니 디지털 문해력이라고 하면 디지털 세상 속에서 글을 읽거나 디지털 기기를 사용하는 거라고 쉽게 생각할 수 있습니다. 물론 자세히 들여다보면 그 의미가 완벽하게 일치하진 않습니다.

그런데 디지털 리터러시는 함께 다니는 짝이 있습니다. 바로 미디어 리터러시입니다. 디지털 리터러시와 미디어 리터러시. 뭔가 닮은 것처럼 보인다고요? 2가지 모두 외래어라 그 뜻을 짐작하기 어렵다고요? 그래서 두 단어의 기원과 상관관계에 대해 최대한 쉽게 설명해드리겠습니다. 두 개념의 상관관계를 파악하게 되면 2022 개정 교육과정에서 강조하는 디지털 소양이 지향하는 게 무엇인지를 이해하는 데 도움이 될 것입니다.

내가 원조야! 미디어 리터러시

미디어 리터러시가 생소하신 분도 '미디어 교육'은 익숙하실 겁니다. 1990년대 후반에 유행했던 NIE, 즉 신문 활용 교육을 이야기할 때 미디어 교육이라는 용어를 자주 사용했으니까요. 신문 기사를 읽고 내용을 파악하고 그 속에 담긴 의미를 떠올려보는 국어 수업은 학생들의 독해 능력뿐만 아니라 글쓰기 능력도 길러줄 수 있는 효과적인 교수·학습 방법입니다. 문해력을 키우는 데도 효과적인 방법이지요. 신문 활용 교육의 장점은 이뿐만이 아닙니다. 국어 교과에서 추구하는 역량인 자료·정보 활용 역량, 비판적·창의적 사고 역량, 문화 향유 역량을 기르는 데도 효과적입니다.

이렇게 효과적인 신문 활용 교육에도 위기가 찾아옵니다. 호주의 미래학자 로스 도슨(Ross Dawson)이 예견했던 것처럼 종이 신문이 점점 사라져버리게 된 것입니다. 결국 신문 활용 교육도 세상의 흐름에 맞춰 옷을 바꿔 입기 시작합니다. 종이 신문은 사라졌어도 뉴스는 존재하기 때문에 뉴스 활용 교육(News in Education), 인터넷 신문 활용 교육(Electronic Newspaper in Education), 인터넷 뉴스 활용 교육(Electronic News in Education)처럼 변형된 형태로 미디어 교육이 이루어졌습니다. 똑같이 NIE라는 교수·학습 방법으로 불렸죠. NIE는 미디어 리터러시를 이해하는 데 있어 빠질 수 없는 필수 개념입니다.

이제 미디어 리터러시에 대한 개념 정의 및 미디어 교육의 개념 정의를 통해 미디어 리터러시가 무엇인지 살펴보겠습니다.

학생들을 위한 21세기 리터러시 기술을 연구하는 미국의 비영리단체 미디어 리터러시 나우(Media Literacy Now)에서는 미디어 리터러시에는 다음

3가지 능력이 포함되어야 한다고 말합니다.

1. 미디어 속에 담긴 메시지(존재하는 시스템 포함) 해석
2. 이 메시지가 생각, 감정 및 행동에 미치는 영향 평가
3. 사려 깊게, 양심적으로 미디어 제작

런던정치경제대학교 미디어·커뮤니케이션학과 교수를 역임한 소니아 리빙스톤(Sonia Livingstone)은 미디어 리터러시를 "다양한 상황에서 메시지에 접근, 분석, 평가 및 생산하는 능력"이라고 정의했습니다.

2019년 교육부에서 발표한 자료에서는 미디어 교육을 "미디어로 필요한 정보를 찾고 제공되는 정보를 비판적으로 이해하는 데서 나아가, 미디어를 활용하여 정보와 문화를 생산하고 사회에 참여하는 역량을 기르는 교육"이라고 정의하고 있습니다.

모두 비슷해 보이지만, 조금씩은 그 의미가 다르지 않나요? 그렇지만 우리에게 지금 바로 필요한 건 명쾌한 생각입니다. 옆 반 선생님이 미디어 리터러시가 무엇인지를 물어보시면 저는 이렇게 대답합니다.

"미디어와 관련된 지식과 기술을 이해하고, 평가하고, 활용하고, 생산하고, 소통하는 능력"

Media Literacy Now 사이트 내 'What is media literacy?' 페이지 참조.
Sonia Livingstone(2004), What is media literacy?, Intermedia, 32(3), 18-20.
교육부(2019), 「학교 미디어 교육 내실화 지원 계획」.

내가 대세야! 디지털 리터러시

최근 IT 업계 대표들의 강연에서 빠지지 않고 등장하는 단어가 있습니다. 디지털 트랜스포메이션(Digital Transformation)이라는 용어입니다. 디지털 기술을 사용하여 전통적인 사회 구조를 디지털화한다는 뜻을 담고 있습니다. 이런 사회 변화에 발맞춰 성인뿐만 아니라 학생들에게도 디지털 세상에서 살아갈 수 있는 역량이 요구되고 있습니다. 이와 함께 디지털 리터러시가 사람들 사이에서 주목받기 시작했습니다. 사실 학계에서는 2000년대 이후부터 디지털 리터러시라는 용어가 자주 언급되었습니다. 그 효시는 컴퓨터와 테크놀로지에 관한 글을 쓰는 폴 길스터(Paul Gilster)의 책입니다. 1999년에 국내에서 번역 출간된 『디지털 리터러시(Digital Literacy)』에서 그는 디지털 리터러시를 "컴퓨터를 이용하여 다양한 출처에서 찾은 정보를 이해하고 올바르게 사용하는 능력"이라고 했습니다.[*]

1997년 대한민국의 모습을 기억하시나요? 블리자드의 게임 스타크래프트가 큰 인기를 끌며 전국에 PC방이 우후죽순 생겨나던 때가 1997년부터 2000년 초반까지입니다. 당연히 스마트폰 같은 건 없었고요. 그래서 폴 길스터의 개념 정의에는 디지털 리터러시의 매체가 컴퓨터로 한정됩니다. 그렇다면 또 다른 개념 정의를 살펴보겠습니다.

NFER(National Foundation for Educational Research)에서 2010년 발표한 캐시 헤이그(Cassie Hague)와 사라 페이턴(Sarah Payton)의 연구에서는 디지털 리터러시에 대해 다음과 같이 언급하였습니다.[**]

---
[*] Paul Gilster(1997), Digital Literacy, Wiley. 김정래 역(1999), 『디지털 리터러시』, 해냄.
[**] Cassie Hague, Sarah Payton(2010), Digital literacy across the curriculum, Futurelab handbook.

"디지털 리터러시는 삶의 모든 영역에서 디지털 기술과 관련된 일들을 비판적이며, 창의적이고, 분별력 있고, 안전하게 사용하는 것과 관련된 기술, 지식, 이해를 말한다. …이는 컴퓨터나 소프트웨어를 효과적으로 사용하는 것 이상을 의미한다."

미국 로드아일랜드 대학의 교수인 르네 홉스(Renee Hobbs)는 『디지털·미디어 리터러시 수업(Create to Learn: Introduction to Digital Literacy)』에서 디지털 리터러시를 "테크놀로지 사회에서 살아가는 데 필요한 지식, 기술, 역량"으로 정의했습니다. 그런데 학자로서의 르네 홉스가 남긴 발자취는 따로 있습니다. 바로 디지털 리터러시의 범주 안에 디지털 기기를 활용하여 정보에 접근(access)하고, 분석 및 평가(analyze & evaluate)하고, 창작(create)하고, 성찰(reflect)하고, 행동(act)하는 것을 포함한 것입니다. 단순한 이해를 넘어 평가, 창작, 성찰, 행동까지를 아우르는 하나의 경험으로 디지털 리터러시를 바라본 관점이라고 할 수 있습니다.

저의 언어로 정리해본 디지털 리터러시의 개념은 다음과 같습니다.

"디지털과 관련된 지식과 기술을 이해하고, 평가하고, 활용하고, 생산하고, 소통하는 능력"

Renee Hobbs(2017), Create to Learn: Introduction to Digital Literacy, Wiley-Blackwell. 윤지원 역(2021), 『디지털·미디어 리터러시 수업』, 학이시습.

Renee Hobbs(2015), "Deepening the Practice of Digital Literacy". (mediaeducationlab.com/deepening-practice-digital-literacy)

OECD(2013), "OECD skills outlook 2013: First results from the survey of adult skills". (OECD iLibrary 사이트 참조)

디지털 리터러시의 의미를 이해하셨나요? 그렇다면 카카오톡에서 메시지를 보내거나 유튜브에서 영상을 본다고 해서 디지털 리터러시가 있다고 말할 수 있을까요? 우리 아이들이 지녀야 하는 디지털 리터러시는 단순히 디지털 기술을 이해하거나 디지털 플랫폼에서 디지털 콘텐츠를 소비하는 것을 넘어서는 개념입니다. 디지털 기술을 이해하고 평가하고 활용하는 것을 넘어 새로운 정보와 지식을 창작해내는 것까지 이르러야 합니다.

수년 전부터 전 세계적으로 디지털 리터러시를 강조해오고 있습니다. 디지털 사회에서 디지털 리터러시를 익히는 건 바다에서 헤엄치는 법을 익히는 것과 비슷합니다. 꼭 필요하다는 말입니다. 디지털 리터러시는 미래사회를 살아갈 아이들에게 '있으면 좋은' 능력이 아니라 '있어야만 하는' 능력입니다.

미디어 리터러시와 디지털 리터러시의 상관관계

미디어 리터러시와 디지털 리터러시가 어떤 의미를 지니고 있는지, 어떤 역량들을 신장시키는 것을 목표로 하는지 이해하셨죠? 그렇다면 여기서 질문을 하나 드리겠습니다. 2가지 문장 중 옳다고 생각하는 것에 O표를 해보시길 바랍니다.

- 미디어 리터러시가 디지털 리터러시를 포함한다. (   )
- 디지털 리터러시가 미디어 리터러시를 포함한다. (   )

이 책을 쓰는 과정에서 미디어 리터러시와 디지털 리터러시에 관련된 서적 및 연구물들을 무수히 많이 찾아봤습니다. 그런데도 위의 두 문장 중 하나의 문장에 명쾌하게 O표를 할 수 없습니다. 왜냐하면 연구자마다 생각이 다르기 때문입니다. 먼저, 미디어 리터러시를 연구하는 학자들은 미디어 리터러시에 관한 연구의 하위 개념으로 디지털 리터러시를 바라보는 경우가 많았습니다. 미디어 리터러시 속에 인쇄 미디어 리터러시, 디지털 리터러시, 뉴미디어 리터러시 등을 포함하여 생각하는 관점입니다.* 반대로 디지털 리터러시를 연구하는 학자들은 디지털 기술과 함께 미디어를 활용하는 것을 디지털 리터러시로 이해하는 경우가 많았습니다.**

미디어 리터러시와 디지털 리터러시의 상관관계, 이 책을 읽고 있는 독자분들은 어떻게 생각하시나요?

---

* 추병완 외(2021), 『미디어 리터러시 교육의 이론과 실제』, 한국문화사
** 디지털리터러시교육협회(2022), "디지털 리터러시란", (디지털리터러시교육협회 사이트 참조)

디지털 소양을 기르는
인공지능 활용 수업

디지털 소양 교육, 어떻게 해야 할까요? 디지털 소양에 포함된 역량들이 많을뿐더러 디지털 소양이라는 게 국어, 수학, 사회, 과학처럼 교과로 만들어져 있는 게 아니다 보니 정형화된 수업 방식이나 수업 모형은 존재하지 않습니다. 또한 디지털 소양은 수시로 변화하기 때문에 그 내용이나 방법도 디지털의 발전 방향, 속도에 따라 달라집니다.

디지털 소양 교육의 고정된 모델을 제시하긴 어렵지만, 디지털 소양 교육이라고 하면 적어도 이것만큼은 들어가야 한다는 것, 디지털 소양 교육에서 결코 포기할 수 없는 한 가지를 꼽아볼 수는 있습니다. 제가 중요하게 생각하는 한 가지는 바로 '타인과 공유할 수 있는 학습 결과물'입니다. 공공성이 있는 결과물(Public product)이라고 부를 수 있겠네요. 그리고 그 과정에서 디지털 기기는 물론 인공지능(AI)을 활용하는 것입니다. 이러한 접근법은 학생들의 디지털 소양을 길러주는 데 효과적입니다.

학생들은 디지털 결과물을 만들어보는 과정에서 인공지능을 경험하게 됩니다. TTI(Text to Image), TTV(Text to Video) 등 인공지능 기술이 반영된 소프트웨어를 사용하거나 뤼튼, AskUp 등의 인공지능 챗봇과 협업하여 결과물을 만들게 되니까요. 학생들은 생활 속 깊숙이 들어와 있는 인공지능을 이해하게 되고, 어떻게 하면 기술을 이용하여 더 나은 결과물을 만들어낼 수 있을지를 고민하게 됩니다.

가장 효과적인 디지털 소양 함양 – 만들면서 배우기

학생들에게 디지털 소양을 길러주는 가장 효과적인 방법은 학생들 스스로 디지털 이미지, 영상, 브이로그, 애니메이션, 음악, 팟캐스트, 홈페이지 등을 만들어보는 것입니다. 일종의 핸즈 온 러닝(Hands – On Learning)이라고 해야 할까요? 어떤 걸 제대로 이해하고 내 것으로 만들기 위해서는 내 손을 이용하여 직접 만들어봐야 한다고 하죠? 미국의 철학자 존 듀이의 'learning by doing'처럼 인공지능 활용 수업의 핵심은 직접 해보면서 배우기입니다.

예를 들어 유튜브라는 매체를 잘 이해하고 싶다면, 유튜브의 알고리즘을 이론적으로 배우는 것과 직접 유튜버가 되는 것 중 어떤 게 학습에 더 효과적일까요? 직접 유튜버가 되어 영상을 찍고, 편집하고, 썸네일을 만들고, 업로드해보고, 구독자를 어떻게 모을 수 있는지를 고민해봐야 유튜브 생태계를 제대로 이해할 수 있습니다. 또한 이 과정에서 유튜브 콘텐츠에 담긴 지식과 정보가 믿을 만한 것인지, 윤리적으로 문제되는 내용은 없는지 생각해보면서 비판적 사고도 기를 수 있고요. 사실 유튜브 채널 하나를 제대로 운영하는 일 속에 2022 개정 교육과정에서 강조하는 디지털 소양의 많은 부분이 담겨 있다고 해도 과언이 아닙니다.

그런 점에서 디지털 소양과 접목할 수 있는 효과적인 교수·학습 방법은 바로 PBL로 불리는 프로젝트 수업(Project based learning)입니다. 16세기 이탈리아의 프로게티(Progetti)에서 유래되었다고 알려진 프로젝트 수업에서는 우리 주변의 문제에 대한 해결책을 중심으로 결과물을 만들어 공유합니다.* 전시할 수 있고 공유할 수 있는 프로젝트 수업의 결과물을 만드는 것은 인공지능 활용 수업과도 잘 연결됩니다. 그런 점에서 앞으로 소개할 디지털 소양에 관한 다양한 수업 사례들은 프로젝트 수업이 적용된 것들이 많습니다.

디지털 소양을 기르는 인공지능 활용 수업

프로젝트 수업은 학자, 교육자들마다 조금씩 다르게 그 개념을 정의하고 있습니다. 개념 정의가 조금씩 다르므로 진행 과정 또한 다양하죠. 3단계 과정부터 많게는 8단계에 이르기까지 다양한 진행 과정을 거쳐 결과물을 완성하는 프로젝트 수업의 모형이 존재합니다.

이 책에서 소개하는 수업은 교사학습공동체 PBL PLANET에서 사용하는 6단계의 PBL 진행 과정에 기반하고 있습니다. 수업의 6단계는 고정된 것은 아닙니다. 수업의 주제, 학생들의 수준, 학생들의 흥미, 학습 환경, 교수 환경, 만들고자 하는 매체의 특성 및 종류에 따라 얼마든지 변형될 수 있습니다. 두 개의 단계를 묶어서 진행할 수도, 하나의 단계를 두 개로 나눠

---

* 김태형·이영준(2022), 「초등 인공지능 교육 프로그램 연구 동향 분석」 『한국컴퓨터교육학회 학술발표대회논문집』 26(1), 285-287.

진행할 수도 있습니다. 또한 단계의 이름을 학생들에게 익숙한 내용으로 변경하여 제시할 수도 있습니다. 프로젝트 수업의 기반이 되는 구성주의 철학에서 강조하는 것처럼 고정되어 있는 것, 변할 수 없는 건 없기 때문입니다.

수업의 진행 과정	
1 질문 하기	수업을 시작하는 단계입니다. 이 단계에서 학생들은 무엇을, 왜, 어떻게 만들 것인지를 결정합니다. 교사가 질문을 제시해줄 수도 있고 학생들이 질문을 제시할 수도 있습니다. 교사와 학생이 함께 생각을 모아 질문을 만들 수도 있습니다. 디자인 씽킹의 'How might we?'라는 질문법을 사용하여 '어떻게 하면~?'이라는 틀로 질문을 만들 수 있습니다.
2 계획 하기	수업 주제 탐구부터 학습 결과물을 완성하기까지의 계획을 세우는 단계입니다. 학생들은 앞 단계에서 떠올린 질문을 해결하기 위한 청사진을 그립니다. 어떻게 진행해갈지, 어떤 과정을 거쳐 학습 결과물을 만들어가야 할지를 모둠 구성원과 함께 의논하여 결정합니다. 모둠 규칙을 정하거나 학습 일정표를 만들기도 합니다.
3 탐구 하기	수업 주제나 문제를 탐구하는 단계입니다. 먼저, 만들고자 하는 결과물에 대한 지식과 정보를 찾아 그 내용을 분석합니다. 이때 챗GPT, ASKUP, 뤼튼 등 인공지능 챗봇의 도움을 받을 수 있습니다. 다음으로, 만들고자 하는 결과물 관련 아이디어를 내고 공유합니다. 이때 인공지능을 활용할 수 있습니다. 예를 들면 '만드는 방법', '관련 결과물의 종류'에 대해 챗봇에게 물어봅니다. 이렇게 도출된 아이디어를 바탕으로 학습 결과물을 만듭니다. 이 단계에서 학생들은 TTI(Text to Image), TTV(Text to Video) 기술이 반영된 인공지능 소프트웨어를 활용하여 활발하게 의사소통하고, 협업하며, 창의적인 결과물을 만듭니다.
4 개선 하기	학생들이 탐구한 내용이나 만든 결과물을 중간 발표한 후 피드백을 주고받고, 이 내용을 바탕으로 결과물을 개선하는 단계입니다. 참고로 디지털 콘텐츠는 수정이 쉽습니다. 이전에 작업했던 결과물이 클라우드에 모두 저장되어 있어서 쉽게 고칠 수 있습니다. 내(우리)가 완성한 결과물에 대한 피드백을 받고, 이를 고쳐나가는 건 디지털 시대를 살아가는 사람들이 필수적으로 지켜야 하는 소양입니다.
5 공유 하기	완성된 최종 결과물을 공유하는 단계입니다. 디지털 매체의 특성상 교실이라는 공간을 벗어나 다른 반, 우리 학교, 학교 밖 사람들, 타국의 사람들에게까지도 공유할 수 있습니다. 우리가 만든 결과물이 다른 사람에게도 배울 기회를 제공해주는 소중한 자원이라는 것을 염두에 두고, 공유의 범위를 넓혀보고자 하는 마음가짐이 필요한 단계이기도 합니다.

| 6
성찰
하기	수업의 전 과정을 되돌아보며 성찰하는 단계입니다. 학습 결과물을 만드는 과정에서 배운다고 해도 수업에 대한 성찰이 없으면 깊이 있게 배웠다고 말할 수 없습니다. 따라서 성찰하기는 수업에 반드시 포함되어야 합니다. 사실, 성찰은 수시로 이루어질 수 있습니다. '우리가 잘 만들고 있는지', '우리가 만든 콘텐츠에 의도한 내용 요소가 제대로 들어가 있는지', '제작 과정에서 미흡한 부분은 없는지', '창조적인 협업이 이루어지고 있는지' 등을 수시로 생각해야 합니다. 성찰은 학생들의 메타인지를 활성화해주어 학습의 전 과정을 비판적으로 살펴볼 수 있는 기회를 제공해줍니다.

 이 책에서 소개하는 인공지능 활용 수업의 진행 과정 또한 하나의 예시로 이해해주시면 좋을 것 같습니다. 기반이 되는 구성주의 철학에서 강조하는 것처럼 고정되어 있는 것, 변할 수 없는 건 없기 때문입니다. 이 책에서 소개하는 인공지능 활용 수업의 진행 과정 또한 하나의 예시로 이해해주시면 좋을 것 같습니다.

 "어떻게 하면 창의적인 결과물을 만들어낼 수 있을까?"

 미래사회에서 꼭 필요한 역량으로 꼽히는 게 창의성입니다. 이 책에서 소개하는 수업 사례들은 학생들이 우리 생활에서 문제를 발견하고 그 문제를 해결하는 과정에서 어떻게 하면 창의성을 발휘할 수 있을지에 대한 해답을 찾아가는 과정에서 누적된 것입니다.

인공지능 활용 수업 마인드셋

마인드셋 1. 모든 아이는 창작자다

"모든 아이는 예술가다. 문제는 그들이 성장한 다음에도 어떻게 하면 예술가로 남아 있느냐 하는 것이다.(Every child is an artist. The problem is how to remain an artist once he grows up.)"

파블로 피카소의 말입니다. 피카소는 모든 아이가 예술가가 지녀야 할 자질을 지니고 있다고 생각했습니다. 다만 어른이 되어가는 과정에서 그 자질이 하나, 둘 사라지게 되는 것을 경계했죠. 실제로 학생들과 함께 디지털 기기를 이용해서 창작하는 수업을 해보면 아이들이 가지고 있는 예술적 재능을 엿볼 수 있습니다.

'은솔이가 이 분야에 이렇게 재능을 가지고 있었네.'
'평소에 산만하던 지원이가 그림을 그릴 때는 정말 몰입을 잘하는구나.'

'한빛이가 영상 만드는 걸 이렇게 좋아하는구나.'

이런 생각, 다들 한 번씩 해보셨죠? 교실 속에서 발현되는 학생들의 창의성을 목격하면 피카소가 했던 말에 공감하게 되실 겁니다.

누구나 창작자인 시대

지금은 누구나 창작자인 시대입니다. 초등학생이 구독자 100만을 거느린 유튜버가 되는 시대입니다. 초등학생이 카카오톡 이모티콘을 만들어 저작료를 받는 시대입니다. 초등학생이 웹툰이나 웹소설을 연재해 상상을 뛰어넘는 광고비를 받는 시대입니다. 디지털의 발달로 인해 창작자들의 평균 연령이라는 게 없어졌습니다. 성인들만 창작자가 되는 게 아니라는 말입니다.

인간에게는 모두 창작의 욕구가 있습니다. 모든 아이가 예술가인 것처럼 우리 모두에게는 창작하고자 하는 욕구가 내재해 있습니다. 제가 매일 만나는 초등학생들에게 흐르는 창작의 욕구와 관련된 2가지 현상을 설명해 보겠습니다.

첫 번째는 "선생님, 그림 그려도 돼요?"입니다. 저학년 담임을 해보신 분들은 공감하실 겁니다. 평소보다 수업이 조금 더 일찍 끝나거나 쉬는 시간이 길 때 저를 찾아와 이렇게 말하는 학생들이 있습니다. 그림을 그리는 건 대표적인 창작 활동입니다. 고통스러울 것 같다고요? 전혀요. 학생들은 그림 그리기를 놀이라고 생각합니다. 디지털 드로잉을 배운 아이들은 노트가 아니라 태블릿PC에 그림을 그립니다. 다양하게 변환할 수 있는 채색 도구를 이용해 머릿속에 있는 생각을 스크린 위에 표현해냅니다. 창작 욕구가 없다면 결코 할 수 없는 행동입니다.

두 번째는 "선생님, 다음 미술 시간에도 만들기 하면 안 돼요?"입니다. 무조건 성공하는 미술 시간 치트키가 있다면 그건 바로 만들기입니다. 손으로 조작해서 무언가를 만들어내는 것은 많은 아이들이 좋아하는 활동입니다. 클레이 점토 하나만 쥐어주면 시끄럽던 교실이 고3 수험생의 독서실이 되는 경험, 한 번쯤 해보셨지요? 내가 만들고자 하는 것을 만드는 경험, 이것은 창작자들이 창작 활동을 하는 대표적인 이유이기도 합니다.

학생들의 창작을 격려해주기

학생들에게 창작자의 피가 흐른다는 사실, 이해하셨죠? 그렇다면 그다음 단계는 학생들이 창작자로서 창작 활동에 몰두할 수 있도록 학생들을 격려해주는 것입니다. 파블로 피카소, 살바도르 달리, 시간을 조금 더 거슬러 올라가 레오나르도 다빈치와 같은 세계적으로 유명한 예술가들에게는 그들을 지지해주고 격려해준 후원자가 있었습니다. 자칫 외롭고 고독할 수 있는 창작의 길에 한 줄기 빛이 되어준 이들이죠. 예술가들에게만 국한되는 이야기가 아닙니다. 구글의 공동 창업자 래리 페이지(Larry Page)와 세르게이 브린(Sergey Brin)의 이야기를 덧붙이겠습니다. 세계 최고의 검색 포털을 만들겠다는 그들의 꿈은 둘이었기 때문에 가능했습니다. 혼자였다면, 금방 지쳐 나가떨어졌을 것입니다. 세상에 없는 무엇인가를 만드는 일에는 누군가의 지지와 믿음이 필요합니다.

마찬가지로 학생들이 디지털 소양을 키워가기 위해서는 교사와 부모의 지지와 격려가 필요합니다. 그래야 중간에 포기하지 않고 계속해서 도전하고 결과물을 만들어갈 수 있습니다. 그렇다면 창작을 지지하고 격려하는 건 어떻게 할 수 있을까요? 다음과 같은 태도로 학생들을 대하고, 격려하는 말을 반복해서 해주면 됩니다.

창작을 지지하고 격려하는 태도

- 일단 시작해본다고 생각하기
- 관심을 가지고 지켜봐주기
- 해결되지 않는 문제는 함께 해보기
- 한 번 실패를 영원한 실패로 생각하지 않기
- 다시 하면 된다고 생각하기

창작을 지지하고 격려하는 말

- 괜찮아. 다시 해보자.
- 괜찮아. 다음에는 할 수 있을 거야.
- 함께 어디가 부족했는지 찾아볼까?
- 역시 노력한 만큼 결과가 나왔구나.
- 누구나 틀리면서 배워가는 거야.

지금 내 앞에 있는 학생이 미래의 래리 페이지라고 생각해보세요. 학생을 바라보는 눈빛부터 달라지지 않을까요? '모든 아이가 창작자라고 믿는 것'은 디지털 소양을 기르는 인공지능 활용 수업에서 가져야 할 첫 번째 마인드셋입니다.

마인드셋 2. 일단 시작한다

학창 시절, 고3 담임선생님께서 "내일 하겠다는 건 안 하겠다는 것이다."라는 말을 자주 하셨습니다. 미루지 말고 바로 하는 것, 실천의 중요성을 강조하는 최고의 문장이라고 생각합니다. 사실 일을 미루는 사람들이 게을러서 미루는 게 아닙니다. 준비된 상태에서 하고 싶어 행동을 보류한 것입니다. 완벽주의 성향을 지닌 분 중에 의외로 일을 미루는 분이 많습니다. 디지털 소양을 기르기 위한 인공지능 활용 수업에서 완벽주의는 잠시 접어두는 게 좋습니다. 일단 시작한 다음, 부족한 부분을 채워가면 되니까요.

일단 시작하기의 힘

새로 산 스마트폰의 사용법을 가장 빨리, 가장 효과적으로 배우는 방법이 무엇인지 아시나요? 스마트폰의 설명서를 처음부터 끝까지 읽어보는 거라고 대답하시는 분은 아마 없겠죠? 일단 전원을 켜고 이것저것 만져보다 보면 자연스럽게 알게 됩니다. 그래서 요즘 출시되는 전자제품에서는 설명서 자체를 아예 빼버리거나 최소한의 정보만 제공하는 경우가 많습니다. 사용하면서 배우라는 것이죠.

학생들과 디지털 드로잉 수업을 할 때도 마찬가지입니다. 이것저것 기능을 설명하고 있으면 학생들이 이렇게 말합니다.

"선생님, 그냥 그려보면 안 돼요?"

영상을 만드는 수업을 했을 때도 분위기가 비슷했습니다. 제가 두 개 학급의 사회 수업을 맡고 있어서 교수법을 각각 다르게 적용해보았습니다. A반에서는 영상 애플리케이션을 켜고 영상을 자르는 법, 영상을 붙이는 법, 자막을 다는 법, 배경 음악을 넣는 법 등을 하나하나 가르쳐줬습니다. 즉, 영상 편집 애플리케이션의 기본적인 사용법을 다 배운 다음에 영상 제작에 들어가는 것을 목표로 했습니다. B반에서는 조금 다른 접근법을 적용했습니다. 첫 번째 시간에 이렇게 말했죠. "선생님은 영상 편집하는 방법을 잘 몰라. 그래서 가르쳐줄 수가 없어. 대신 좋은 영상 편집 애플리케이션은 알려줄 수 있지. 이 앱을 다운받아서 30초짜리 영상을 한번 만들어볼래?"

서로 다른 교수법을 적용한 A반과 B반에서 어떤 일이 일어났을지 궁금하시죠? 먼저 A반에서는 기본 기능을 설명하는 중간에 나가떨어진 아이들이 많았습니다. 영상 만들기는 아직 시작하지도 않았는데 설명을 듣다가 지쳐버린 것이죠. 물론 기본 기능을 충실히 익혀 나중에 그럴싸한 결과물을 만들어낸 학생도 있었습니다. 하지만 소수였죠. B반의 분위기는 조금 달랐습니다. 물론 처음에는 다소 혼란스러워했습니다. 어떻게 해야 할지 막막해서 한숨을 쉬는 학생도 있었고, 먼저 이 앱을 접해본 학생에게 도움을 청하는 학생도 있었죠. 하지만 수업 분위기는 활기찼습니다. 서로 잘 모르는 상황에서 주도성을 가진 학생들이 "일단 아무거나 대충 만들어보자."라고 말하며 분위기를 이끌었습니다. 영상을 찍은 다음, 자막을 넣고 싶을 땐 학생들끼리 자막을 넣으려면 어떤 버튼을 눌러야 하는지를 찾아봤습니다. 이것저것 눌러보면서 문제를 해결할 방법을 찾으려 노력한 것이죠. 일단 시작한 다음에 하나씩 배워나간 것입니다. 직접 해보면서 배우니까 훨씬 흥미를 느꼈습니다. 완성된 결과물도 창의적인 것들이 많았습니다.

매일 새로운 게 쏟아지는 디지털 세상

'일단 시작하기' 방식이 필요한 이유가 하나 더 있습니다. 미래사회는 새로운 소프트웨어들이 매일같이 쏟아지는 소프트웨어의 쓰나미 시대이기 때문입니다. 구글에서 조사한 결과에 따르면 구글 플레이 스토어에 매달 출시되는 애플리케이션이 대략 10만 개에 달한다고 합니다. 2019년 3월에는 무려 14만 개에 육박했고요. 1년 기준이 아닙니다. 한 달 기준입니다.

이런 흐름 속에서 무엇인가 새로운 것을 배우려면 '일단 시작하기' 전략을 써야 합니다. 실천을 주저하는 동안에 또 다른 무엇인가가 쏟아져 나오기 때문입니다. 세상에 있는 모든 프로그램을 섭렵해야 한다는 말이 아닙니다. 좋은 게 있으면 바로 써보고 좋은 점을 잡아내서 내가 관심이 있는 분야에 접목할 수 있는 역량을 키워야 한다는 뜻입니다.

10년 전에는 영상 편집 방법 하나만 배워두면 10년을 일할 수 있었다고 합니다. 그런데 요즘엔 3개월 전에 배운 내용을 바탕으로 3개월을 써먹고, 그 과정 중에 또 다른 것을 배워야만 트렌드에 뒤처지지 않을 수 있다고 합니다. 이런 흐름은 앞으로 더 가속화될 겁니다. '일단 시작하기'는 학생들에게 학습 민첩성(learning agility)을 길러줄 수 있는 효과적인 방법이자 디지털 소양을 기르기 위해 가져야 할 두 번째 마인드셋입니다.

마인드셋 3. 만들면서 고친다

간단한 질문을 하나 해보겠습니다. 이 세상에 완벽한 결과물이라는 게 존재할까요? '완벽'을 어떻게 정의하느냐에 따라 차이가 있겠지만 결함이 전혀 없는 물건을 찾는 건 쉬운 일이 아닙니다. 과거에는 결함이 없는 것처럼 보였지만, 시간이 흐르면서 결함이라고 생각하지 않았던 게 결함으로 느껴지는 경우도 많고요. 특히 무수히 많은 소프트웨어가 개발되는 IT 회사에서 이런 점들이 자주 보입니다. 유저들의 흥미, 요구가 변화하는 것에 맞춰 소프트웨어를 끊임없이 개선해야 하죠. 그래서 이 시장에서는 '업데이트'가 필수입니다. 계속해서 더 나은 방향을 향해 고쳐가는 것이죠. 세계에서 가장 유명한 첨단기술 연구단지인 실리콘밸리에서는 이와 같은 흐름에 맞춰 일하고, 배우는 법을 사용하고 있습니다. 바로 애자일이 그것입니다.

실리콘밸리에서 배우는 법, 애자일

소프트웨어를 개발하는 방식 중에 애자일 소프트웨어 개발이라는 방식이 있습니다. 애자일(Agile)이라는 단어를 영어사전에서 찾아보면 '날렵한', '민첩한'이라는 뜻이 나오죠. 즉, 애자일 소프트웨어 개발이란 '민첩하게 소프트웨어를 개발한다'는 뜻입니다. 실제로 애자일 소프트웨어 개발은 처음에 세운 계획을 그대로 따르기보다는 변화하는 환경이나 상황에 민첩하게 대처하는 방식을 지향합니다.

다음 그림에서 확인할 수 있듯이, 사용자들의 요구를 바탕으로 설계하고 개발합니다. 그리고 테스트를 거쳐 출시하고, 이후 다시 사용자들의 요구를 반영하여 부족한 점이 있으면 고치고, 개발하고, 테스트하고, 출시하는 과정을 반복합니다.

우리가 사용하고 있는 스마트폰 속 애플리케이션도 똑같은 방법으로 개선되고 있습니다. 개발자들이 애플리케이션을 출시합니다. 그러면 유저들이 사용해봅니다. 사용하다가 장단점을 찾아내서 리뷰 란에 평점을 남기고 댓글을 달죠. 개발자들은 유저들의 리뷰를 읽고, 반영할 수 있는 부분과

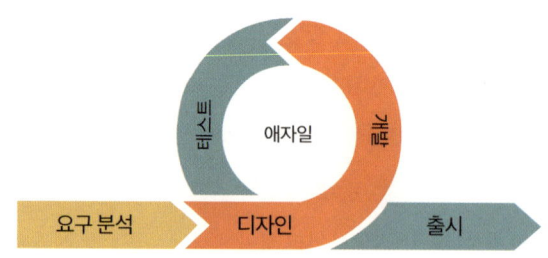

개선할 수 있는 부분을 찾아서 다시 개발합니다. 그리고 업데이트 버전을 내놓죠. "우리가 열심히 만들었으니까 잘 써봐. 다음에 다른 애플리케이션으로 다시 만나자!"가 아닙니다. "우리가 열심히 만들었지만, 부족한 부분이 있을 거야. 너희들이 써보면서 부족한 부분을 말해주면 우리가 다시 머리를 맞대고 고쳐볼게. 우리가 필요하면 다시 불러줘."와 같은 방식으로 개발자들은 일하고, 배우고 있습니다.

그렇다면 우리가 애자일 소프트웨어 개발 방식에서 얻을 수 있는 통찰은 무엇일까요? 만들면서 배우는 인공지능 활용 수업을 계획대로 진행하기 보다 변화에 대응하여 진행하는 것에 집중해야 한다는 것입니다.

계획은 계획일 뿐

수업을 바라보는 패러다임은 시간의 흐름에 따라 변화하고 있습니다. 15년 전에는 교사가 계획했던 그대로 진행되는 수업을 좋은 수업이라고 평가하던 분위기가 많았습니다. 교사가 준비한 발문이 있고, 예상되는 학생들의 응답이 있었죠. 교사는 계획했던 대로 질문하고 학생은 교사가 예상했던 대로 대답하는 수업을 잘 계획되고 잘 진행된 수업이라고 여겼습니다. 그런데 구성주의적 교수·학습 방법이 전파되면서 교사의 계획대로 진행되기보다는 학생들의 활발한 상호작용을 통해 변화무쌍하게 흘러가는 수업을 살아 있는 수업이라고 생각하는 분위기가 조성되었습니다.

2가지 관점 중에 어느 하나가 더 좋다는 것을 이야기하려는 것이 아닙니다. 2가지 모두 장점과 단점이 있습니다. 제가 말하고자 하는 건 디지털 소양을 길러주는 수업이 두 방향 중 어떤 쪽에 조금 더 어울릴지 생각해볼 필요가 있다는 것입니다.

디지털 기기를 사용하며 학생들과 무언가를 만들어보는 과정에서 저는 중요하다고 여러 번 말했는데 딱 그것만 빠뜨린 영상을 만든 학생, 영상을 완성한 다음에 "아, 자막 안 달았다." 하고 한숨을 쉬는 학생, 잠도 안 자고 애니메이션을 만들었는데 핵심 줄거리는 쏙 빠뜨린 학생, 리믹스해서 음악을 만들었는데 유명 래퍼의 음악을 그대로 붙여 넣은 학생, 태블릿으로 그린 그림에 너무 많은 색을 넣어 요란한 작품을 만든 학생 등 다양한 문제 상황을 맞닥뜨렸습니다.

교사로서 수업을 계획하고 설명을 할 때까지는 이런 결과물이 나오게 될지는 예상도 못 했습니다. 그런데 마지막 한 장 남은 카드를 뒤집어보니, 이러한 결과가 나온 것이죠. 잘못 만들고, 부족하게 만들었다면 다시 만들면 됩니다. '계획은 계획일 뿐이다. 만들면서 고쳐가면 된다.'라고 생각하면 마음이 편해질 수 있습니다.

마인드셋 4. 공유하며 성장한다

2010년대 중후반 '4차 산업혁명'이라는 말이 전 세계를 휩쓸었습니다. 그리고 이 개념을 창안한 것으로 알려진 클라우스 슈밥(Klaus Schwab)은 세계적으로 유명해졌습니다. 그런데 4차 산업혁명은 하나로 정의하기 어려운 개념입니다. 클라우스 슈밥도 이 개념을 명확하게 설명하지 않아 학자들 사이에서는 현재까지도 4차 산업혁명을 실체가 불분명한 개념이라고 여기는 경우가 많다고 합니다. 다만, 누군가 "미래는 어떤 시대가 될 것 같나요?"라고 묻는다면 저는 이렇게 대답할 것 같습니다. "이미 초연결의 시대고, 앞으로도 초연결의 시대일 것 같습니다."

　초연결의 시대(Hyper Connected Era)는 인터넷을 기반으로 모든 것들이 연결된 시대를 말합니다. 기계와 기계가 연결되어 있고 기계와 사람이 연결되어 있고 사람과 사람이 연결된 시대를 초연결의 시대라고 합니다. 지구 반대편에 사는 사람과 온라인상에서 친구가 되어 함께 게임을 하거나 가깝게는 매일 반복되는 일상에서 스마트폰으로 불을 끄거나 자동차의 시동을 거는 것, 이 모든 현상이 우리가 초연결의 시대를 살고 있다는 것을 보여주고 있습니다.

초공유의 시대, 초공유의 교실

초연결의 시대라는 개념을 저는 수업 및 학급살이에 변형, 적용하여 '초공유의 교실'을 실천하고 있습니다. 초연결의 시대가 인터넷을 기반으로 모든 게 연결된 시대를 말한다면 초공유의 교실은 학습과 관련된 모든 내용을 공유하는 교실을 말합니다. 즉 학습내용, 학습과정에 대한 성찰, 학습결과물 등을 자유롭게 공유하는 교실을 지향한다는 뜻입니다.

　이런 교실 모델을 지향하는 이유는 사람의 본성 때문입니다. 모든 사람은 관심받고 싶어 하는 존재입니다. 이런 욕구가 겉으로 드러나는 사람과 그렇지 않은 사람이 있을 뿐입니다. 어린이들은 좀 더 순수하므로 이런 욕구가 도드라지게 나타나죠. 초등학교 1학년 교실에서 발표하고 싶어 손을 번쩍 들고 있는 아이들의 모습을 떠올려보세요. 5, 6학년 중에는 손드는 학생들이 없다고요? 그런 학생들도 친구들이 자기가 그린 그림이나 만들어낸 결과물을 보고 "우와, 잘했다."라고 말해주는 걸 기다리고 있습니다. 초공유의 교실에서는 학생들의 이런 욕구를 충족시켜줄 수 있습니다.

공유의 경험은 사람을 성장시킨다

초등학생들의 장래 희망 1순위 유튜버. 그런데 유튜브 플랫폼을 사용하는 사람은 세계에 몇 명이나 있을까요? 2022년 5월에 발표된 결과에 따르면 세계에서 유튜브를 사용하고 있는 사람의 수는 약 26억 명 정도 된다고 합니다.[*] 엄청난 숫자죠? 앞으로 이 수는 더 늘어날 것으로 예상됩니다.

유튜브가 이렇게 확장할 수 있었던 바탕에는 공유라는 가치가 숨겨져 있습니다. 공유할 수 있었기 때문에 싸이의 뮤직 비디오 '강남스타일'이 유튜브 45억 조회 수를 기록하며 싸이를 월드 스타로 만들어준 것입니다. 앞으로 유튜브를 통해 세계적인 스타로 발돋움하는 예술가들은 더 많아질 겁니다. 그 이유는 공유의 경험이 유튜버들을 성장시키기 때문입니다.

대부분의 유튜버는 다음과 같은 과정을 통해 성장합니다.

유튜버의 성장 7단계

1단계: 내가 자신 있게 보여줄 수 있는 콘텐츠를 담아 유튜브 영상을 업로드한다.
2단계: 내 영상의 조회 수가 올라간다.
3단계: 내 채널의 구독자가 늘어난다.
4단계: 어떤 영상을 올리면 조회 수와 구독자를 늘릴 수 있을지 고민한다.
5단계: 고민 끝에 만들어낸 영상을 업로드한다.
6단계: 영상 조회 수가 올라가고, 구독자가 늘어난다.
7단계: 더 좋은 콘텐츠를 만들기 위해 다시 고민한다.

유튜버들은 나의 콘텐츠를 세상 사람들과 공유할 수 있었기 때문에 흥미

---

[*] Maryam Mohsin(2022), OBERLO, "10 YOUTUBE STATS EVERY MARKETER SHOULD KNOW IN 2022 [INFOGRAPHIC]". (oberlo.com/blog/youtube-statistics)

를 느끼고 몰입할 수 있습니다. 그리고 영상을 봐주는 구독자들이 있어 유튜버들은 성장할 수 있습니다.

다양한 디지털 도구를 활용하여 학습하는 학생들의 성장 공식도 이와 크게 다르지 않습니다. 왜냐하면 학생들이 만든 결과물을 교실에서만 공유할 때와 교실 밖 친구들에게 공유할 때, 다른 학년 친구들에게 공유할 때, 학교 밖 사람들에게 공유할 때의 몰입도가 크게 차이 나기 때문입니다. 몰입도뿐만이 아닙니다. 결과물의 품질도 차이가 컸습니다.

디지털 세상에서는 공유하는 게 너무나 쉽습니다. 링크를 기반으로 콘텐츠가 전달되기 때문에 직접 만날 수 있는 사람들로 한정되어 있던 장벽이 허물어졌습니다. 원하기만 하면 우리 학교가 아니라 전 세계 사람들과 손쉽게 공유할 수 있습니다. 이런 확장성은 성장할 기회를 무궁무진하게 제공해줄 수 있습니다.

'공유를 통한 성장'은 요즘 시대에 성공한 사람들의 성공 방정식이자 학생들과 인공지능 활용 수업을 할 때 꼭 지녀야 할 네 번째 마인드입니다.

마인드셋 5. 비판적으로 생각한다

2015 개정 교육과정에서는 6가지 핵심 역량을 제시했습니다. 그중 하나가 지식정보처리 역량입니다. 그리고 지식정보처리 역량의 하위 요소로 비판적 사고를 꼽았죠. 그렇다면 지식정보처리 역량에서 비판적 사고란 무엇을 말하는 것일까요? 2015 개정 교육과정 총론에서는 "지식정보처리 역량은 문제 해결 능력과 밀접하게 관련된다. 여기에는 논리적, 비판적 사고를 통

한 문제 인식, 지식과 정보의 수집·분석·활용 등을 통한 문제 해결 방안의 탐색, 해결 방안의 실행 및 평가, 매체 활용 능력 등의 하위 요소들이 포함될 수 있다."라고 기술하고 있습니다.*

알렉 피셔(Alec Fisher)는 그의 책 『피셔의 비판적 사고(Critical Thinking: An Introduction)』에서 비판적 사고에 대한 다양한 연구자들의 이론을 정리하였는데, 그중 에드워드 글레이저(Edward M.Glaser)는 비판적 사고를 "1) 자신의 경험 속에서 문제와 주제를 사려 깊게 생각하는 태도, 2) 논리적 탐구와 추론 방법에 대한 지식, 그리고 3) 그런 방법들을 응용하는 약간의 기술"로 정의하였습니다. 또한 "비판적 사고는 그것을 뒷받침하는 증거와 그것이 따르는 추가적인 결론에 비추어 어떤 믿음이나 가정된 형태의 지식을 조사하려는 지속적인 노력을 필요로 한다."고 하였습니다. 알렉 피셔의 책에는 로버트 에니스(Robert Ennis)가 정의한 비판적 사고의 개념도 함께 제시되어 있습니다. 로버트 에니스는 비판적 사고를 "내가 어떤 걸 믿거나, 하려는 걸 결정하는 데 초점을 맞춘 합리적이고 성찰적인 사고"라고 정의하였습니다.**

학자들이 내린 정의를 정리해보면, 비판적 사고는 곧 의심하는 것입니다. 이것이 진짜 맞는 것인지, 어떤 과정을 거쳐 현재와 같은 결과에 이르렀는지를 깊이 생각해보는 게 비판적 사고입니다.

비판적 리터러시 가지기

인공지능 활용 수업에서 학생들은 수없이 많은 자료를 보고 그 내용을 해석

---

* 교육부(2015), 「2016 개정 교육과정 총론 해설: 초등학교」.
** Alec fisher(2001), Critical Thinking: An Introduction. Cambridge University Press. 최원배 역(2018), 『피셔의 비판적 사고』[제2판], 서광사.

합니다. 그걸 바탕으로 자신만의 콘텐츠를 만들어내게 되고요. 콘텐츠를 소비하고 생산하는 과정에서 비판적 리터러시(Critical literacy)를 기르기 위해 다음과 같은 생각을 할 필요가 있습니다.

콘텐츠를 소비할 때	콘텐츠를 생산할 때
• 누가 만들었을까? • 만든 이유는 무엇인가? • 어떤 내용이 담겨 있는가? • 참고한 자료는 무엇인가? • 어떤 삶의 가치가 담겨 있는가?	• 이 콘텐츠를 만든 이유는 무엇인가? • 어떤 내용을 담을까? • 참고한 자료는 믿을 만한 자료인가? • 내가 만든 콘텐츠를 사용하는 사람들은 어떤 생각을 하고, 어떤 기분을 느낄까?

학생들이 교실 속에서 유튜브 영상을 볼 때를 떠올려볼까요? 대개는 별다른 생각 없이 영상을 봅니다. 다 본 다음에는 서로 재미있었는지, 재미없었는지를 이야기하죠. 그런데 가끔 영상을 왜 만들었는지에 대해 생각해보는 학생이 있습니다. 비판적 사고력이 뛰어난 학생들이죠. 비판적 사고는 연습을 통해 기를 수 있습니다. "이건 왜 만들었을까?"라는 단순한 질문이 그 시작이 되어줄 겁니다.

디지털 소양을 기르는 인공지능 활용 수업의 다섯 번째 마인드셋은 '비판적으로 생각하는 태도'입니다.

마인드셋 6. 디지털 회복탄력성을 기른다

"나는 삶에서 실패하고, 실패하고, 계속해서 실패했다. 그게 내가 성공한 원인이다."

세계적인 농구 선수 마이클 조던이 남긴 말입니다. 마이클 조던이 무수한 실패를 통해 성공한 게 사실이라면 그는 뛰어난 회복탄력성의 소유자일 겁니다. 실패했더라도 툭툭 털고 일어나는 능력이 있었기 때문에 포기하지 않고 다시 도전했을 테니까요. 성공하는 사람들의 공통점으로 꼽히는 회복탄력성은 디지털 세상을 살아갈 학생들에게도 꼭 필요한 능력입니다.

디지털 회복탄력성

디지털 회복탄력성(Digital Resilience)은 인적자원개발(HRD) 분야에서 자주 사용되는 용어입니다. 간단하게 설명하자면, 디지털 세상에서 자신들을 덮치는 어려운 상황을 딛고 일어서는 힘을 말합니다. 이 용어를 핵심어로 하는 연구물들이 많이 나오고 있죠. 하지만 아직 교육계에서 널리 쓰이고 있는 개념은 아닙니다.

2019년 유네스코에서 발간한 『Digital kids Asia-Pacific: Insights into Children's Digital Citizenship』에 따르면 디지털 시민의식의 요소 중 하나로 '디지털 안전성과 회복탄력성(Digital Safety and Resilience)'을 꼽습니다. 디지털 안전성과 디지털 회복탄력성 모두 중요하지만, 최근 저는 디지털 회복탄력성에 더 관심을 가지고 있습니다. 그 이유는 우리 반 학생들이 디지털 세상에서 받은 상처가 디지털 밖 세상에서 발현되는 걸 종종 지켜봤기 때문입니다. 잠깐 교실 속 상황으로 들어가볼까요?

5학년 학생 중 몇몇이 아침에 등교하자마자 책상에 엎드려 있다면, 열에 아홉은 디지털 세상에서 문제가 일어났기 때문입니다. 톡방에서 따돌림을 당했다거나 단체 채팅방에서 서로 싸웠다거나 하는 문제들이 하루가 멀다 하고 일어나고 있으니까요. 이런 현상은 SNS 활동을 활발하게 하는 사람들

사이에서 더 심하게 일어납니다. 페이스북이나 인스타그램, 유튜브 등에는 댓글 기능이 있고, 여기서 악플을 주고받습니다. 악플을 견디지 못하고 극단적인 선택을 하는 연예인이나 유튜버들의 이야기를 들으면 디지털 회복탄력성 교육에 대해 깊이 생각해보게 됩니다. 디지털 세상에서 나에게 가해지는 위협에 대처하고 이겨내는 힘을 어릴 때부터 길러야 합니다. 학생들에게는 디지털 회복탄력성을 기를 수 있는 연습이 필요합니다.

디지털 회복탄력성을 길러주는 방법 4가지

디지털 회복탄력성이 중요하다는 건 알겠는데, 어떻게 도와줘야 할지 모르시겠다고요? 그런 분들을 위해 준비했습니다. 디지털 회복탄력성을 길러주는 4가지 팁!

다음 내용은 『Studies in Higher Education』(2018)에 실린 「…Not drowning, waving. Resilience and university: a student perspective(익사하지 않고 손 흔들기, 회복탄력성과 대학: 학생의 관점)」이라는 소논문에서 제시한 회복탄력성을 키우는 환경 만들기에 관한 내용을 초·중학교 환경에 맞춰 변형한 것입니다.

디지털 회복탄력성을 기르는 방법

1. 디지털 세상의 자극, 위험에 흔들리지 않는 문화 만들기

    SNS 공간에서 나를 비방하는 사람이나 악플을 다는 사람을 만났다면, 일단 관심을 꺼야 한다고 이야기해주세요. 어떤 대답을 하고, 어떤 댓글을 달든, 악플러를 내가 원하는 모습으로 바꿀 수 없다고 생각해야 상처를 덜 받습니다.

Holdsworth Sarah, Turner Michelle, Scott-Young Christina M (2018), Not drowning, waving. Resilience and university: A student perspective, Studies in Higher Education, 1-17.

악플러와 싸울 가치가 없다고 생각하고 그들의 자극에 넘어가지 않는 단단한 마음을 갖도록 도와주세요.

2. 실패해도 괜찮은 디지털 환경과 교실 분위기 만들기

변화무쌍한 디지털 환경에서 경험하는 실패와 좌절은 어쩌면 필연적일지도 모릅니다. 학생들의 실패를 실패라고 낙인찍을 필요가 있을까요? "틀려도 괜찮아", "실패해도 괜찮아"라는 말이 교사에서 학생으로, 학생에서 학생으로 전달되는 분위기를 만들어줘야 합니다.

3. 실패를 통해 배울 수 있다는 걸 깨닫게 해주기

높은 회복탄력성을 가진 사람들은 실패를 통해 배웁니다. 실패했던 이유를 잘 생각해보고 자신의 부족함을 채우는 기회로 만듭니다. 실패의 원인에서 나를 성장시킬 수 있는 보석을 발견할 수 있다는 것을 알려주세요. 그리고 도와주세요.

4. 자유롭게 도전할 기회 만들어주기

한 번 만에 성공하는 사람은 없습니다. 스티브 잡스가 아이폰 시제품을 몇 번이나 만들었을까요? 이것도 만들어보고 저것도 만들어보는 과정이 있어야 새로운 게 만들어집니다. 자유롭게 도전할 수 있는 분위기에서 디지털 회복탄력성은 커집니다.

마인드셋 7. 창작자의 권리를 지킨다

그동안에는 콘텐츠를 소비하기만 했던 사용자들이 직접 콘텐츠를 기획하고 창작하는 시대가 되었습니다. 이름하여 사용자 생성 콘텐츠(User‑Generated

Content) 시대가 열린 것이죠.

인터넷 기사를 통해 다음과 같은 내용을 심심치 않게 볼 수 있습니다.

- 열두 살 초등학생, 소설가가 되다.
- 초등학교 6학년이 쓴 SF 웹소설이 1위를 차지한 이유!
- 구독자 20만 명, 초등학생 유튜버의 인기 비결은?
- 초등학생이 직접 그린 이모티콘, 어떻게 만들었을까?

누구나 창작자인 시대에서는 나이 제한이 없습니다. 반짝이는 아이디어와 실력만 있다면 누구든 창작자가 될 수 있으니까요. 그런데 창작자로 살아가기 위해서는 한 가지가 더 필요합니다. 그건 바로 창작자로서 다른 사람들의 창작물을 보호해주고 나의 창작물을 지켜내는 것에 관한 관심입니다. 창작자의 권리이자 책임이라고 할 수 있죠. 외국에서는 과거부터 매우 중요한 내용으로 다루던 부분이지만, 그동안 우리나라 교육기관에서는 창작자의 권리에 대한 교육이 부족했던 게 사실입니다. 하지만 디지털 소양을 기르는 인공지능 활용 수업에서 교사와 학생은 이에 대한 올바른 인식을 가져야 합니다.

2022 개정 교육과정에서 강조하는 창작자의 권리

2022 개정 교육과정의 국어과 3, 4학년 매체 영역에 다음과 같은 성취기준이 제시되어 있습니다.

[4국06-03] 매체 소통 윤리를 고려하여 매체 자료를 활용하고 공유한다.

이에 대한 해설은 다음과 같습니다.

> [4국06-03] 이 성취기준은 매체 기반의 소통에서 지켜야 할 기본적인 윤리를 이해하고 이를 고려하며 매체 자료를 활용하거나 공유할 수 있는 능력을 기르기 위해 설정하였다. 다양한 매체 자료를 활용하거나 공유하는 과정에서 저작권과 초상권 침해, 개인 정보 유출 등의 문제가 발생할 수 있음을 이해한다. 다양한 사례를 통해 매체 이용자로서 소통 윤리를 지키려는 태도를 기르고, 매체 자료를 안전하고 올바르게 활용하고 공유할 수 있는 방법 등을 학습한다.

이렇게 간단한 내용이지만, 2015 개정 교육과정과 비교하자면 크게 2가지 부분이 달라졌습니다.

첫 번째 변화는 매체 영역이 신설되었다는 것입니다. 2015 개정 교육과정에서는 5, 6학년 읽기 영역의 하위 내용 요소로 '매체 읽기 방법의 적용'을 제시했는데, 2022 개정 교육과정에서는 학생들의 미디어 리터러시를 중요하게 여겨 매체를 듣기·말하기, 읽기, 쓰기, 문법, 문학과 동등한 수준의 하나의 커다란 영역으로 구분하여 제시했습니다.

두 번째 변화는 창작자가 지켜야 하는 요건들을 내용 요소와 성취기준에 직접적으로 제시했다는 것입니다. 2015 개정 교육과정 성취기준에는 저작권에 대해 직접적으로 언급한 내용이 없었습니다. 그러나 시대의 변화에 맞춰 2022 개정 교육과정에서는 초등학교 및 중학교 공통 국어와 고등학교 공통국어 1, 2의 매체 영역을 심화, 확장하여 '매체 의사소통'이라는 융합 선택 과목을 두었습니다. 창작자의 권리와 책임에 대한 성취기준은 다음과 같습니다.

[12매의01-07] 매체 자료의 생산자이자 수용자로서 권리와 책임을 인식하고 사회적 가치와 문제에 대해 소통한다.

창작자가 가져야 하는 마음가짐 7가지

디지털 기기를 활용하여 결과물을 만드는 수업에서 교사와 학생은 창작자로서 권리와 책임을 분명하게 인식해야 합니다. 이것이 창작자를 더 뛰어난 창작자로 만들어주고 창작 문화를 발전시키는 데도 도움을 주기 때문입니다.

창작자로서 어떤 마음가짐을 가져야 할지 학생들과 함께 찾아본 요건은 다음과 같습니다.

창작자의 마음가짐 7가지

1. 나만이 할 수 있는 이야기를 창작물 속에 담는다.
2. 나 스스로 만족할 만한 결과물을 만든다.
3. 자신이 창작한 결과물에 자부심을 갖는다.
4. 내가 만든 결과물이 다른 사람들에게 영향을 줄 수 있음을 인정한다.
5. 내가 만든 결과물을 비판하는 사람이 있을 수 있음을 인정한다.
6. 내 주변 사람들의 초상권을 침해하지 않도록 노력한다.
7. 다른 사람의 저작권을 침해하지 않도록 노력한다.

디지털 소양을 기르는 인공지능 활용 수업의 일곱 번째 마인드셋은 '창작자의 권리와 책임 알기'입니다. 학생들과 수업을 할 때 꼭 기억해주세요!

디지털 소양을 기르는 인공지능 활용 수업 TIP 7

Tip 1. 인공지능을 수업 설계에 활용해보세요.
뤼튼, 챗GPT, Askup과 같은 인공지능 챗봇을 활용하여 수업을 설계할 수 있습니다. 수업 주제, 핵심 개념, 활동 등을 프롬프트로 입력하면 인공지능이 수업을 설계하여 추천해줍니다. 인공지능을 기계가 아닌 수업 설계 아이디어를 제공해주는 동료 교사로 생각하고, 인공지능과 함께 교과 수업 및 교과 융합 수업을 설계해보시길 바랍니다.

Tip 2. 인공지능 기술, 도구보다 학습 목표를 먼저 생각하세요.
학습 목표를 달성하기 위해 인공지능 기술, 도구를 활용하는 것입니다. 학생들이 흥미로워할 만한 기술, 도구라 하더라도 학습 목표를 달성하는 데 도움이 되지 않는다면 굳이 이용할 필요가 없습니다.

Tip 3. 개인별, 모둠별 학습 속도와 수준에 맞춰 학습하는 분위기를 만들어 주세요.
인공지능 활용 수업에서는 모든 학생이 같은 속도, 수준으로 학습하지 않아도 괜찮습니다. 이를 위해 획일화된 학습 환경을 개별화된 학습 환경으로 바꾸려는 교사의 노력이 필요합니다. 교육과정, 학습 장소, 수업 시간 등에 융통성을 발휘할수록 학생들이 개인별, 모둠별로 학습 과제에 흥미를 지니고 몰입하여 학습할 수 있습니다.

Tip 4. 학생의 수준에 맞는 인공지능 도구를 사용하세요.
인공지능 수업에서 활용할 인공지능 도구의 선택 기준은 '신기술', '화려함'이 아닌 '학생의 수준'입니다. 초등학생 기준, 로그인이 필요 없는 도구, 로그인 과정이 간편한 도구, 다운로드할 필요가 없는 도구, 사용 방법이 어렵지 않은 도구를 사용하여 수업하길 바랍니다.

Tip 5. 같은 도구를 반복해서 사용하세요.
초등학생들과 인공지능 활용 수업을 할 때는 여러 가지 도구를 이용하지 않아도 괜찮습니다. 학생들이 흥미를 느끼고, 쉽게 조작할 수 있는 한 두 가지 인공지능 도구를 반복하여 사용하며 숙달하는 게 좋습니다. 도구 활용 능력을 높이는 데에는 유튜브의 튜토리얼 영상, 먼저 경험해본 친구들의 도움 등이 도움이 됩니다.

Tip 6. 학생들의 AI · 디지털 소양 편차를 이해해주세요.
언어, 수리 소양에도 학생 간 편차가 있듯이 AI · 디지털 소양에도 학생 간 편차가 있습니다. 활용 방법을 이해하지 못하는 학생, 속도가 더딘 학생이 학급마다 있습니다. 이런 학생들과 학습 결과물을 만들어 갈 때 답답한 기분이 들더라도 이해하고, 조금만 더 기다려주시길 바랍니다.

Tip 7. 학생들에게 인공지능 윤리 의식을 강조해주세요.
생성형 인공지능(Generative AI)을 이용해 만들어낸 글, 이미지, 노래 등의 창작물에 대한 저작권 문제는 아직 논의 중입니다. 한국저작권위원회에서 인공지능 기술과 관련된 저작권법의 개선 방안을 검토하고 있습니다. 인공지능 활용 수업 시, 인공지능 윤리와 관련된 부분을 학생들에게 설명하고, 이를 심화하여 '인공지능과 저작권'이라는 주제를 토의 · 토론 수업의 주제로 연결해보시길 바랍니다.

PART 3

인공지능과 친해지기

인공지능을 가르치는 게 두려운 분에게

인공지능에 대한 학습, 인공지능을 활용한 학습

인공지능 시대의 도래와 함께 인공지능은 교육계를 포함해 사회 전반에 변화를 가져왔습니다. 2022년 8월 교육부에서 발표한 「디지털 인재 양성 종합방안」에서도 이런 시대적 흐름을 반영하여 100만 디지털 인재 양성을 목표로 내걸었죠. 디지털 인재가 지녀야 할 디지털 신기술의 첫 번째 항목으로 인공지능을 언급했고요. 이런 방향성과 관련된 내용은 2022 개정 교육과정 총론에도 잘 담겨 있습니다.

   보통 인공지능 교육이라고 하면 크게 2가지로 구분해볼 수 있습니다. 그것은 인공지능에 대한 학습과 인공지능을 활용한 학습입니다. 첫 번째는 인공지능에 대한 학습(learning about artificial intelligence)으로, 인공지능의 개념을 비롯해 인공지능을 이해하는 데 바탕이 되는 지식과 정보, 인공신경망의 개념 및 종류, 머신러닝과 딥러닝, 사물인터넷(IoT) 등을 공부하는 게 여기에 해당됩니다. 두 번째는 인공지능을 학습 도구로 사용하여 학습하는 것으로, 인공지능을 활용한 학습(learning using artificial intelligence)입니다. 교육 현장에서 이루어지는 인공지능 소프트웨어를 이용한 수업들이 대부분 여기에 포함됩니다. '국어 수업에서 활용할 수 있는 AI 애플리케이션 추천', '구글 아트앤컬처로 나를 표현하기', '인공지능 운동 애플리케이션과 함께 운동하기' 등 이미 교실에서 많이 실천되고 있는 것들이죠.

처음부터 인공지능을 잘 아는 사람은 없다

만약 이 책을 읽으시는 분 중 인공지능을 가르치는 게 두렵거나 어려우시다면 그 이유는 무엇인가요? 인공지능에 대한 수업이 두려우신가요? 인공지능을 활용한 수업이 두려우신가요? 잠깐 제 이야기를 해보자면, 제가 교실에서 인공지능과 관련된 수업을 실천하는 데 가장 걸림돌이 되었던 건 바로 이 생각이었습니다.

"내가 알고 있는 게 없다."

인공지능 교육을 처음 접했을 때 머릿속에 다음과 같은 질문들이 가득했습니다.

"벌써 몇 년째 컴맹인데, 인공지능 교육이라니."

"머신러닝? 그게 무슨 말이지? 딥러닝? 강화 학습? 그건 또 뭐야?"

Holmes, W., Bialik, M., & Fadel, C. (2019). Artificial intelligence in education: Promises and implications for teaching and learning. Boston, MA: The Center for Curriculum Redesign.

"코딩은 프로그래머들이 하는 거 아니야?"

두려움의 근원은 인공지능과 관련된 배경이 없다는 것이었습니다. 수학이나 사회 같은 교과는 교직 생활을 하며 매년 가르쳐왔기에 교과 내용 지식(content knowledge), 교수 내용 지식(pedagogical content knowledge)을 단단하게 쌓으려 노력했죠. 그런데 인공지능은 전통적인 교과 교육에서는 다루지 않았던 것입니다. 그래서 대부분의 교사가 인공지능과 관련된 내용 지식, 교수 내용 지식을 생소하게 생각하죠. 현장에서 인공지능 교육 전문가로 인정받는 분들도 불과 몇 년 전부터 배우기 시작한 분들이 많습니다. 실제로 인공지능융합교육 대학원이 만들어진 건 최근의 일입니다. 관련 박사학위 과정을 운영하는 대학원도 많지 않고요. 아는 사람이 많지 않은 미개척 분야라는 뜻입니다.

자전거를 처음 배우는 아이들은 두발자전거 전에 보조 바퀴가 달린 네발자전거나 세발자전거를 탑니다. 자전거 타는 방법을 쉽게 익힐 수 있도록 여분의 바퀴들이 도움을 주는 것이죠. 인공지능을 가르치는 것에 초심자이시거나, 초등학생들을 대상으로 인공지능을 가르치시는 분들을 위해 보조 바퀴 역할을 해줄 팁을 하나 드리겠습니다. 그것은 바로 인공지능을 활용한 수업으로 첫걸음을 내딛는 것입니다. 인공지능에 대한 학습이 덜 중요하다는 게 아닙니다. 인공지능을 더 친숙하게 받아들일 방법부터 먼저 접근해보자는 것입니다. 매일 사용하는 네이버 애플리케이션 속에도 인공지능은 들어 있습니다. 네이버 클로바노트, 파파고, 스마트렌즈를 다들 한 번씩 사용해보셨죠? 우리가 흔히 사용하는 은행 애플리케이션 속에도 인공지능 기술이 들어 있습니다. 익숙하고 쉬운 것부터 시작해보세요. 인공지능 '교육' 전문가가 되는 길은 아주 작은 도전과 성공에서 시작됩니다.

찍으며 배우는 인공지능 활용 수업: 이미지

인공지능 이미지 기술이란?

인공지능 이미지 인식 기술은 우리가 인물 사진을 보면서 사진 속 인물이 여자인지 남자인지, 어떤 상황에 놓여 있는지 등을 파악하는 것과 비슷합니다. 쉽게 말해 인공지능이 인공지능 감지기를 이용하여 사진을 보고, 그 내용(사람, 사물, 글자 등)을 이해하고 해석하는 것이죠. 이런 이미지 인식 기술은 기계의 시각 기술을 연구하는 컴퓨터 비전(computer vision)의 한 분야입니다. 인공지능 이미지 인식은 크게 인물 인식, 장면 인식, 문자 인식으로 나뉘며, 우리 주변에서 쉽게 찾아볼 수 있는 예는 다음과 같습니다.

- 인물 인식: 유튜브의 썸네일 추천, 아마존의 엑스레이(X-Ray) 서비스
- 장면 인식: 마이크로소프트 애저(Azure)
- 문자 인식: 네이버 클로바 램프

생성형 인공지능의 발달로 최근에는 이미지 인식만큼 이미지 생성 기술을 활용한 수업들이 많아지고 있습니다. TTI(Text to Image) 기술이 적용된 뤼튼, 달리2, 미드저니와 같은 이미지 생성 소프트웨어를 이용하여 미술 수업을 하거나 교과 융합 수업을 하는 사례들을 어렵지 않게 찾아볼 수 있습니다. 인공지능 이미지 생성 기술이 수업에서 자주 활용되는 이유는 여러 가지 교과에 적용할 수 있기 때문입니다. 국어, 사회, 과학, 미술 등의 교과와도 연결하기 쉽고, 기후환경·생태교육, 독서교육, 다문화 이해 교육, 학교폭력예방 교육 등의 범교과 학습의 학습 결과물을 만들 때도 유용합니다.

뤼튼, 달리2와 같은 생성형 인공지능은 사용자가 입력하는 프롬프트에 따라 무수히 많은 이미지를 만들어낼 수 있습니다. 그러므로 인공지능 이미지 생성 기술을 이용하는 수업에서는 그림을 그리는 방법이 아니라 '인공지능이 그림을 그리도록 만드는 명령어', 즉 프롬프트를 입력하는 방법을 설명해야 합니다. 이를 가리켜 프롬프트 엔지니어링(Prompt engineering)이라고 합니다. 인공지능 활용 수업에서 교사와 학생들은 프롬프트 엔지니어링을 연마할 수 있습니다. 다음은 프롬프트를 어떻게 입력하느냐에 따라 인공지능이 만들어내는 이미지가 어떻게 달라지는지에 대한 예시입니다.

[1단계] 강아지를 그려줘.

[2단계] 무서운 강아지를 그려줘.

[3단계] 무서운 강아지와 귀여운 강아지를 그려줘.

[4단계] 나무 아래에 있는 무서운 강아지와 귀여운 강아지를 그려줘.

[5단계] 나무 아래에 있는 무서운 강아지, 귀여운 강아지와 함께 앉아 있는 소녀를 그려줘.

[6단계] 나무 아래에 있는 무서운 강아지, 귀여운 강아지와 함께 앉아 있는 소녀를 만화처럼 그려줘.

　학생들과 함께 인공지능 이미지 인식 기술을 활용해본 다음, 이미지 기술의 미래에 관한 이야기를 나눠보면 어떨까요? 인공지능에 대한 호기심을 심어주는 충분한 기회가 될 것입니다.

수업에서 이렇게 활용해요!

인공지능 이미지 인식 기술이 들어간 애플리케이션을 이용하여 진행할 수 있는 수업을 소개합니다. 다음은 비교적 간단한 인공지능 활용 수업 예시이니 학생들의 특성, 교과의 내용에 부합하게 재구성하거나 타 교과 수업과 융합하여 실천해보시길 바랍니다.

미술 교과

성취기준	[6미01-01] 다양한 감각과 매체를 활용하여 자신과 대상을 탐색할 수 있다. [6미02-02] 디지털 매체 등 다양한 표현 재료와 용구를 탐색하여 작품 제작에 활용할 수 있다.
배움주제	인공지능을 활용하여 나와 닮은 명화 찾아보기
AI 플랫폼	구글 아트앤컬처 아트 셀피
활동순서	1. 거울 속 내 얼굴의 특징 찾기 2. 구글 아트 셀피에서 내 얼굴과 비슷한 명화 찾기 3. 내 얼굴과 명화를 비교하기
유의사항	• 앱에 사용된 인공지능 기술을 생각해볼 기회를 주는 게 좋다. • 인공지능을 통해 알게 된 명화를 작품 제작에 활용하도록 도와준다.

미술 교과

성취기준	[6미02-02] 디지털 매체 등 다양한 표현 재료와 용구를 탐색하여 작품 제작에 활용할 수 있다.
배움주제	검색어 대신 이미지로 검색하기
AI 플랫폼	네이버 스마트렌즈
활동순서	1. 검색하고 싶은 물건 떠올리기 2. 스마트렌즈로 주변에 있는 물건 촬영하기 3. 인공지능 이미지 검색 정보 정리하기
유의사항	• 네이버 스마트렌즈를 익숙하게 사용할 경우에 구글 이미지 검색을 이용하여 다양한 이미지에 대한 정보를 찾아볼 기회를 준다.

과학 교과

성취기준	[4과03-01] 여러 가지 식물을 관찰하여 특징에 따라 식물을 분류할 수 있다. [4과03-02] 다양한 환경에 서식하는 식물을 조사하여 식물의 생김새와 생활 방식이 환경과 관련되어 있음을 설명할 수 있다. [6과11-03] 여러 가지 식물의 특징을 설명하는 자료를 만들어 공유할 수 있다.

배움주제	우리 학교 식물도감 만들기
AI 플랫폼	모야모(MOYAMO)
활동순서	1. 우리 학교에 있는 식물 종류 살펴보기 2. 인공지능 앱을 사용하여 식물 조사하기 3. 식물의 특징에 따라 분류하기
유의사항	• 식물의 특징을 조사하며 궁금한 내용은 '실시간 답변'을 이용하여 식물 전문가들에게 질문하도록 안내한다. • 네이버 스마트렌즈와 비교해보며 해당 앱에 사용되는 인공지능 기술의 장점을 찾아볼 기회를 준다.

영어 교과

성취기준	[4영01-04] 소리와 철자의 관계를 이해하며 쉽고 간단한 단어, 어구, 문장을 소리 내어 읽는다. [4영01-05] 쉽고 간단한 단어, 어구, 문장의 의미를 이해한다. [6영01-03] 간단한 단어, 어구, 문장의 의미를 이해한다.
배움주제	우리 반 언어(영어 등) 퀴즈 대회
AI 플랫폼	구글 렌즈
활동순서	1. 우리 반 언어 퀴즈 대회 준비하기 2. 모둠별로 퀴즈 출제하기 3. 인공지능 앱을 활용하여 번역하기
유의사항	• 구글 렌즈 앱은 안드로이드 기반 스마트폰에서만 다운받을 수 있다. iOS 기반 스마트폰은 구글 앱을 통해 같은 기능을 사용할 수 있다. • 구글 렌즈는 번역 이외에도 이미지 검색, 쇼핑 기능을 제공한다. 인공지능 기능을 바탕으로 다른 형태로 수업에 적용할 수 있다.

말하며 배우는 인공지능 활용 수업: 음성

인공지능 음성 인식 기술이란?

인공지능 음성 인식 기술은 사람의 말을 이해한 인공지능이 사람들에게 편의를 제공해주는(업무 보조, 가정의 비서 역할 등) 용도로 널리 활용되고 있습니다. 스마트폰에서 만나볼 수 있는 삼성의 빅스비, 애플의 시리, 마이크로소프트의 코타나가 대표적인 예죠. "빅스비, 오늘 날씨 알려줘~" 다들 한 번쯤은 해보셨죠?

이런 흐름은 인공지능 스피커로 이어졌습니다. 스피커 하나로 디지털 가전제품을 제어하는 사물인터넷 세계가 펼쳐진 겁니다. 가정에만 국한되는 게 아닙니다. 자동차 인포테인먼트 시스템에도 인공지능이 들어 있습니다. 자동차 운전 중에 음성으로 목적지를 검색하고 있으시죠? 음성으로 교통 정보나 지리 정보를 얻고 있는 것입니다.

최근에는 인공지능을 활용하여 음성을 생성하는 기술도 수업에서 많이 활용되고 있습니다. TTS(Text to Speech) 기술을 이용하여 다양한 종류의 음성을 만들어낼 수 있습니다. 실제로 이 기술을 활용하는 수업에 대한 학생 만족도가 매우 높았습니다.

인공지능 음성 기술은 앞으로 어떻게 발전하게 될까요? 로봇과 완전한 쌍방향 대화를 할 수 있는 때가 곧 오지 않을까요? 또는 음성 인식을 이용하여 자동으로 동시통역, 번역을 할 수 있게 된다면 언어의 장벽이 무너지게 되진 않을까요? 학생들과 함께 인공지능 음성 기술을 체험해보고, 발전 방향을 그려보시길 바랍니다.

수업에서 이렇게 활용해요!

인공지능 음성 인식 기술이 들어간 애플리케이션을 이용하여 진행할 수 있는 수업을 소개합니다. 다음은 비교적 간단한 인공지능 활용 수업의 예시이니 학생들의 특성, 교과의 내용에 부합하게 재구성하거나 타 교과 수업과 융합하여 실천해보시길 바랍니다.

국어 교과

성취기준	[6국01-05] 자료를 선별하여 핵심 정보를 중심으로 내용을 구성하고 매체를 활용하여 발표한다. [6국06-03] 적합한 양식과 수용자의 반응을 고려하여 복합양식 매체 자료를 제작하고 공유한다.
배움주제	영상 자막 뚝딱 만들기
AI 플랫폼	브루(Vrew)

활동순서	1. 자막을 달고 싶은 영상 촬영하기 2. 인공지능 애플리케이션을 활용하여 자동 자막 만들기 3. 자막 수정 후 공유하기
유의사항	• 인공지능의 특성상 음성 내용과 완벽하게 일치하는 자막이 만들어지지 않는다. 인공지능이 만들어준 초벌 자막을 수정하는 과정이 필요하다는 점을 안내해준다.

국어 교과

성취기준	[2국06-02] 일상의 경험과 생각을 글과 그림으로 표현한다. [4국06-02] 매체를 활용하여 간단한 발표 자료를 만든다. [6국01-05] 자료를 선별하여 핵심 정보를 중심으로 내용을 구성하고 매체를 활용하여 발표한다. [6국06-03] 적합한 양식과 수용자의 반응을 고려하여 복합양식 매체 자료를 제작하고 공유한다.
배움주제	너의 목소리를 글로 보여줘!
AI 플랫폼	클로바노트(CLOVAnote)
활동순서	1. 글로 만들고 싶은 통화 내용 정리하기 2. 인공지능 애플리케이션을 활용하여 음성을 텍스트로 변환하기 3. 변환된 텍스트 확인 및 공유하기
유의사항	• 클로바노트에서는 음성 속 참여자들의 목소리를 구분하는 기능도 제공하고 있다. 혼자, 둘이서, 모둠끼리 애플리케이션을 활용할 기회를 주는 것도 좋다.

미술 교과

성취기준	[6미02-02] 디지털 매체 등 다양한 표현 재료와 용구를 탐색하여 작품 제작에 활용할 수 있다.
배움주제	너의 목소리(연주)를 그림으로 보여줘!
AI 플랫폼	시잉 뮤직(Seeing Music)

활동순서	1. 친구들에게 보여줄 목소리(연주) 연습하기 2. 인공지능 프로그램을 활용하여 목소리(연주)를 시각화하기 3. 친구들의 목소리(연주) 그림을 감상하기
유의사항	• Example sound 탭에서 사용 방법을 설명해주므로 수업 활용 전 학생들과 함께 보는 게 좋다. • 인공지능이 다양한 형태로 음성을 시각화해주므로 시각화의 방식을 변경하며 체험할 수 있다는 것을 안내해준다.

영어 교과

성취기준	[6영01-08] 다양한 매체로 표현된 담화나 글을 흥미와 자신감을 가지고 듣거나 읽는다. [6영02-06] 자신의 감정이나 의견, 경험이나 계획을 간단한 문장으로 표현한다. [6영02-07] 일상생활 주제에 관한 담화나 글의 세부 정보를 간단한 문장으로 묻거나 답한다.
배움주제	인공지능과 함께 영어 말하기 연습하기
AI 플랫폼	스픽(Speak)
활동순서	1. 문장 연습의 목적 정하기 2. 인공지능 애플리케이션의 발음 듣기 3. 목표 문장의 발음 연습하기
유의사항	• 초등학교 교육과정을 넘어선 문장이 있지만, 영어 학습에 흥미를 느끼게 하는 것을 염두에 두며 인공지능 애플리케이션을 활용하는 게 좋다.

움직이며 배우는 인공지능 활용 수업: 동작

인공지능 동작 인식 기술이란?

인공지능 동작 인식 기술은 인공지능 카메라나 감지기(센서)를 이용해 사용자의 동작을 인식하고, 이 데이터를 바탕으로 정보를 처리하는 기술입니다. 닌텐도 스위치(Switch)나 위(Wii) 같은 콘솔게임에도 동작 인식 기술이 적용되어 있죠. 최근에는 다양한 운동 코치 애플리케이션이 개발되고 있는데 여기에도 인공지능 동작 인식 기술이 적용되어 있습니다. 고개를 왼쪽으로 돌리면 이전 음악으로, 오른쪽으로 돌리면 다음 음악으로 넘어가는 블루투스 이어폰에도 인공지능 동작 인식 기술이 탑재되어 있습니다. 이런 동작 인식 기술은 환자들의 움직임을 살펴보며 돌보는 인공지능 로봇에도 사용되고 있다고 합니다.

실제 수업에서는 학생들과 함께 인공지능 동작 인식 기술을 체험해본 다음, 이 기능이 사용되는 분야나 필요한 상황에 대해 이야기를 나눠봐도 좋습니다.

수업에 활용하면 좋은 질문

- 동작 인식 기술이 필요한 곳은 어디일까요?
- 사람이나 사물의 동작 인식이 필요한 상황은 어떤 상황일까요?
- 인공지능 동작 인식 기술을 어떤 분야에 사용하면 좋을까요?
- 인공지능 동작 인식 기술을 K팝 댄스에 활용할 수 있는 방법이 있을까요?

수업에서 이렇게 활용해요!

인공지능 동작 인식 기술이 들어간 애플리케이션을 이용하여 진행할 수 있는 수업을 소개합니다. 다음은 비교적 간단한 인공지능 활용 수업의 예시이니 학생들의 특성, 교과의 내용에 부합하게 재구성하거나 타 교과 수업과 융합하여 실천해보시길 바랍니다.

음악 교과

성취기준	[4음01-03] 노래와 악기 연주에 어울리는 신체 표현이나 놀이를 하며 음악을 즐긴다. [6음03-01] 느낌과 아이디어를 떠올려 여러 매체나 방법으로 자신감 있게 표현한다.
배움주제	인공지능으로 지휘하기
AI 플랫폼	Semi-Conductor
활동순서	1. 인공지능 동작 인식 기술의 예 살펴보기 2. 세미컨덕터로 지휘 연습하기 3. 친구들과 함께 지휘하기
유의사항	• 세미컨덕터는 데스크톱 버전에 최적화되어 있다. 모바일 기기로 접속할 경우에 PC 버전으로 변경 후 사용해야 한다.

체육 교과

성취기준	[4체01-04] 건강을 위한 바른 생활 습관을 이해하고 생활 속에서 규칙적으로 실천한다. [6체01-05] 체력 운동을 끈기 있게 규칙적으로 수행한다.
배움주제	인공지능 코치와 운동하기
AI 플랫폼	하우핏(HowFit)
활동순서	1. 동작 인식을 활용한 운동 애플리케이션 찾아보기 2. 동작 인식 연습하기 3. 인공지능 코치와 운동하기
유의사항	• 인공지능 코치의 올바른 동작에 맞춰 동작을 수행해야 한다는 사실을 안내해준다. • 하우핏이라는 애플리케이션 이외에도 비슷한 원리로 운동할 수 있는 애플리케이션들이 많이 있다. '875: 하루 8분 AI 홈트', '스쿼트챌린지-AI코칭 홈트'와 같은 애플리케이션도 체험할 수 있게 안내해준다.

체육 교과

성취기준	[6체02-02] 기술형 스포츠 유형별로 기본 움직임 기술을 응용한 기본 기능을 파악하고 수행한다.
배움주제	인공지능 코치 만들기
AI 플랫폼	Teachable Machine
활동순서	1. 인공지능에게 올바른 움직임 기술 훈련하기 2. 인공지능에게 잘못된 움직임 기술 훈련하기 3. 인공지능 코치와 함께 운동하기
유의사항	• 티처블머신의 포즈 프로젝트를 이용하여 운영한다. 올바른 움직임뿐만 아니라 잘못된 움직임도 다양하게 학습시켜야 똑똑한 인공지능이 된다는 점을 안내해준다.

체육 교과

성취기준	[6체03-05] 전통 표현의 기본 동작을 다양하게 구성하여 발표하고 감상한다. [6체03-07] 현대 표현의 기본 동작을 다양하게 구성하여 발표하고 감상한다.
배움주제	춤을 추는 애니메이션 만들기
AI 플랫폼	Living Archive
활동순서	1. 인공지능에게 움직임을 인식시키기 2. 인공지능에게 훈련시킨 움직임을 연결하기 3. 완성된 애니메이션 공유하기
유의사항	• 인공지능이 학생들이 취한 동작에 알맞은 캐릭터를 찾아주고 캐릭터들의 동작을 연결하여 애니메이션을 만드는 소프트웨어를 활용해 체육 교과의 표현 활동 시 수줍어하는 학생들을 위해 가정에서 애니메이션을 만들어오는 방식으로 수업을 운영할 수 있다.

알아두면 쓸모 있는
인공지능 정보

실제로 인공지능은 우리 생활 속에 넓게 퍼져 있습니다. 유튜브나 넷플릭스만 해도 인공지능과 머신러닝을 통해 나에게 콘텐츠 추천을 해주니까요. 이런 콘텐츠 추천부터 스마트폰의 잠금을 해지할 때 사용하는 페이스 아이디(Face ID)까지 인공지능은 다양한 모습으로 우리 생활 속에 들어와 있습니다. 그리고 인공지능 교육 도구와 콘텐츠들도 이미 우리 교실에 들어와 있습니다. 인공지능 활용 수업을 할 때 접근하기 쉽고 학생들의 반응도 좋았던 몇 가지 도구를 소개하고자 합니다.

머신러닝을 배우고 싶다면, Teachable Machine

Teachable Machine(티처블 머신)은 구글에서 제작한 머신러닝 학습 플랫폼입니다. 인공지능도 어려운데, 머신러닝(machine learning)은 또 무슨 말이냐고요? 머신러닝은 인공지능의 한 분야입니다. 쉽게 설명해보자면 '컴퓨터를 가르치는 것'입니다.

무언가를 가르치려면 가르칠 내용이 필요하겠죠? 초등학생들에게 수학을 가르치려면 수학 개념과 문제를 가득 담고 있는 수학책이 필요한 것처럼 컴퓨터에게도 데이터가 필요합니다. 컴퓨터가 무언가를 배우는 데 필요한 데이터를 제공해주면 컴퓨터는 이 데이터를 바탕으로 지식을 배워가는 것이 머신러닝의 기본 원리입니다.

Teachable Machine에서는 총 3가지 주제로 인공지능을 학습시킵니다.

- **이미지 프로젝트**: 이미지 파일을 제공하여 인공지능이 이미지를 인식하고 구별하게 훈련
- **오디오 프로젝트**: 오디오 파일을 제공하여 인공지능이 오디오를 인식하고 구별하게 훈련
- **포즈 프로젝트**: 사람의 다양한 움직임으로 인공지능이 포즈를 인식하고 구별하게 훈련

Teacherble Machine은 다음과 같은 성취기준에 준하여 실과, 음악, 체육

교과 수업에 활용하면 좋습니다.

교과	2022 개정 교육과정 성취기준	인공지능 연계 방안
실과	[6실05-03] 실생활의 문제를 해결하는 프로그램을 협력하여 작성하고, 산출물을 타인과 공유한다. [6실05-05] 인공지능이 만들어지는 과정을 체험하고, 인공지능이 사회에 미치는 영향을 탐색한다.	• 가위, 바위, 보를 구별하도록 인공지능 훈련하기 • 마스크를 쓴 모습과 쓰지 않은 모습을 구별하도록 인공지능 훈련하기 • 박수 소리, 웃음소리의 유무를 구별하도록 인공지능 훈련하기
음악	[4음01-01] 바른 자세와 주법을 익혀 노래 부르거나 악기로 연주한다. [6음01-01] 바른 주법과 표현 기법을 익혀 노래나 악기로 느낌을 담아 연주한다.	• 리코더, 멜로디언, 탬버린을 연주하여 악기의 소리를 구별하도록 인공지능 훈련하기
체육	[6체03-02] 스포츠 표현에서 움직임 기술을 응용한 기본 동작을 파악하고 표현한다. [6체03-06] 현대 표현에서 움직임 기술을 응용한 기본 동작을 파악하고 표현한다.	• 정해진 움직임 기술, 동작을 잘 따라 하는지 구별하도록 인공지능 훈련하기

쉽게 코딩을 배우려면, AI for Ocean

AI for Oceans(바다 환경을 위한 AI)는 학생이 인공지능을 가르치는 사이트입니다. 학생들의 코딩 학습을 위해 만들어진 코드닷오알지(Code.org) 내에 있습니다. AI for Oceans에서 학생들은 인공지능이 바닷속 생물(물고기, 문어, 불가사리 등)과 쓰레기(깡통, 폐타이어, 치킨 등)를 구별할 수 있도록 학습시킵니다. 인공지능을 학습시키는 중간중간 바다 환경과 관련된 내용이 알림 형식으로 뜨기 때문에 자연스럽게 기후·환경교육, 생태교육과 접목해 운영할 수 있습니다.

간단한 이미지나 단어를 구별하는 수준으로 학습시키기 때문에 초등학생들도 어렵지 않게 참여할 수 있다는 게 장점입니다. 또한 로그인하지 않고 이용할 수 있어 접근성도 좋습니다.

AI for Oceans는 다음과 같은 성취기준에 준하여 수학, 국어 교과 수업에 활용하면 좋습니다.

교과	2022 개정 교육과정 성취기준	인공지능 연계 방안
수학	[2수04-01] 여러 가지 사물을 정해진 기준 또는 자신이 정한 기준으로 분류하여 개수를 세어보고, 기준에 따른 결과를 말할 수 있다. [4수04-03] 탐구 문제를 해결하기 위해 자료를 수집, 정리하여 막대그래프나 꺾은선그래프로 나타내고 해석할 수 있다. [6수04-03] 탐구 문제를 설정하고, 그에 맞는 자료를 수집, 정리하여 적절한 그래프로 나타내고 해석할 수 있다.	• 바닷속 생물과 쓰레기의 분류하기와 연계 • 분류 기준(패턴)에 맞춰 물고기 분류하기(색깔, 모양 등)와 연계 • 바다 환경 보호와 연계
국어	[4국04-01] 단어와 단어 간의 의미 관계를 파악한다. [4국04-02] 단어를 분류하고 국어사전을 활용하여 능동적인 국어 활동을 한다.	• 단어 간 의미 파악하기와 연계 • 의미에 따라 단어 분류하기와 연계 • 단어에 따라 바닷속 생물 분류하기와 연계

인공지능에게 윤리를 가르쳐주는, Moral Machine

Moral Machine(모럴 머신)은 학생이 인공지능에게 윤리를 가르치는 플랫폼입니다. Moral Machine에서 인공지능은 윤리적인 딜레마 상황 속에서 어떤 결정을 내려야 하는지를 학습합니다. 학생이 내린 결정이 인공지능의 판단을 결정하기 때문에 신중하게 결정해야 합니다.

Moral Machine은 트롤리 딜레마(Trolley dilemma)에서 출발합니다. 트롤리 딜레마는 고장 난 트롤리 기차라는 소재를 이용해 다수를 위한 소수의 희생이 정당화될 수 있는지를 묻는 윤리학적 사고 실험의 하나입니다. 『정의란 무엇인가』로 유명한 마이클 샌델(Michael Sandel) 교수의 책에도 등장했던 이야기죠.

Moral Machine 속에서 학생들은 10가지가 넘는 문제 상황에서 매회 윤리적인 결정을 내리게 됩니다. 남성을 선택할 것인지 여성을 선택할 것인지, 연장자를 선택할 것인지 연소자를 선택할 것인지, 다수를 선택할 것인지 소수를 선택할 것인지 등을 결정합니다. 인공지능은 유저가 선택한 판단을 바탕으로 판단 기준에 대한 데이터를 쌓아가게 됩니다. 인공지능을 학습시키는 것과 더불어 학생들에게 윤리적인 문제 상황을 던져주면서 자유로운 토의, 토론 수업을 할 수 있습니다.

Moral Machine은 다음과 같은 성취기준에 준하여 실과, 도덕 교과 수업에 활용하면 좋습니다.

교과	2022 개정 교육과정 성취기준	인공지능과 연계 방안
실과	[6실05-05] 인공지능이 만들어지는 과정을 체험하고, 인공지능이 사회에 미치는 영향을 탐색한다.	• Moral Machine 학습시키기와 연계 • 인공지능의 발달이 가져올 긍정적인 면과 부정적인 면 살펴보기와 연계 • 자율주행 자동차의 원리, 발전 과정, 미래 설명하기와 연계 • 자율주행 자동차의 비상 상황 대응 원칙 세우기와 연계
도덕	[4도03-02] 디지털 사회에서 발생하는 다양한 문제를 살펴보고, 해결 방안을 탐구하여 정보통신 윤리에 대한 민감성을 기른다. [6도02-03] 인간과 인공지능 로봇 간의 다양한 관계를 파악하고 도덕에 기반을 둔 관계 형성의 필요성을 탐구한다.	

PART 4

인공지능 활용 수업
_이미지 편

이모티콘 만들기

누구나 하나씩은 있는 스마트폰! 스마트폰 속에 담겨 있는 수많은 애플리케이션 중 가장 많이 활용하는 건 무엇인가요? 아마도 카카오톡과 같은 메신저 서비스일 겁니다. 학생들은 서로 얼굴을 마주 보고 하는 대화보다 채팅방에서 하는 대화가 더 많을지도 모릅니다. 이번에 소개할 내용은 학생들과 밀접한 카카오톡 같은 메신저 서비스의 이모티콘과 관련된 수업입니다.

이모티콘 만들기 수업은 18차시로 운영되었으며, 이를 통해 다음과 같은 역량을 기를 수 있습니다.

- 디지털 지식과 기술에 대한 이해 역량과 윤리의식
- 이모티콘과 관련된 정보의 수집 역량
- 새로운 이모티콘의 생산 역량과 완성한 이모티콘의 활용 역량

이모티콘 만들기 수업에 활용할 수 있는 성취기준은 다음과 같습니다.

2022 개정 교육과정 성취기준

[6미02-01] 다양한 방법으로 아이디어를 연결하여 확장된 표현 주제로 발전시킬 수 있다.

[6미02-02] 디지털 매체 등 다양한 표현 재료와 용구를 탐색하여 작품 제작에 활용할 수 있다.

[6미02-04] 주제 표현에 의지를 갖고 표현 과정을 돌아보며 작품을 발전시킬 수 있다.

[6미02-05] 미술과 타 교과의 내용과 방법을 융합하는 활동을 자유롭게 시도할 수 있다.

[6미03-03] 공동체의 미술 문화 활동에 관심을 가지고 참여하여 경험을 공유할 수 있다.

[6국03-01] 알맞은 내용을 선정하여 대상의 특성이 나타나게 설명하는 글을 쓴다.

이모티콘 만들기 수업에서 활용할 수 있는 인공지능 도구에는 뤼튼(wrtn), 아숙업(AskUp), 오픈AI의 이미지 생성기인 달리2(DALL·E 2)나 미드저니(Midjourney), 비트모지(Bitmoji), 브왈라 AI 아티스트(Voila AI Artist), 한국방송광고진흥공사가 만든 인공지능 기반 광고창작서비스 아이작(AiSAC) 등이 있습니다.

뤼튼, 아숙업 등의 챗봇을 이용하여 이모티콘으로 표현할 수 있는 다양한 종류의 감정, 이모티콘을 만들 때 주의해야 할 점, 참고할 수 있는 사이트 등을 추천받을 수 있습니다. 또한 완성된 이모티콘 작품 제안서를 쓸 때 참

달리2(openai.com/product/dall-e-2), 미드저니(midjourney.com), 뤼튼(wrtn.ai), ASKUP(pf.kakao.com/ BhxkWxj), 비트모지(bitmoji.com), 브왈라 AI 아티스트(linktr.ee/voilaaiartis), 아이작(isac.kobaco.co.kr/site/main/home).

고할 수 있는 글을 구할 수 있습니다. 달리와 미드저니에서는 간단한 프롬프트 입력을 통해 이모티콘 제작 아이디어를 이미지화할 수 있습니다. 그리고 인공지능 이미지 인식 기술을 통해 사용자의 얼굴을 인식하여 이코티콘과 캐릭터를 만들어주는 비트모지, 브왈라 AI 아티스트 앱 등을 통해 생성된 이모티콘이나 캐릭터를 발전시켜서 새롭게 나만의 이모티콘을 만들 수 있습니다.

아이작에서는 트렌드 분석 기능을 이용해 이모티콘과 관련되어 자주 사용되는 인스타그램의 해시태그들을 확인할 수 있습니다. 또한 데이터 시각화 기능을 사용하면 검색하고자 하는 감정과 관련된 다양한 단어들을 확인할 수 있습니다.

[인공지능 챗봇 똑똑하게 사용하는 법] **구체적으로 질문하기**

모호한 질문에는 모호한 답변이 나오기 마련이다. 내가 궁금해하는 것을 명확하고, 구체적으로 질문해야만 원하는 답변을 얻을 수 있다. 예를 들면 다음과 같다.

- 이모티콘을 만드는 방법을 알려줘. ✕
- 초등학생들이 좋아하는 이모티콘을 만드는 방법을 이해하기 쉽게 순서대로 설명해줘. ○

- 예시
  1. 이모티콘으로 표현할 수 있는 감정 10가지를 알려줘.
  2. 이모티콘들이 주로 어떤 감정을 다루고 있는지 알려줘.
  3. 창의적인 이모티콘을 만드는 방법을 알려줘.
  4. 사람들이 자주 사용하는 이모티콘에 관해 설명해줘.
  5. 세계적으로 인기 있는 이모티콘을 볼 수 있는 사이트를 추천해줘.

수업 진행 과정

과정	활동 내용	차시
질문 하기	• '어떻게 하면' 질문 제시하기 　- 문제 이해하기 　- 궁금증 해소하기	1
계획 하기	• 계획 세우기 　- 활동별 시간 계획하기 　- 계획서 작성하기(타임 테이블)	1
탐구 하기	• 이모티콘 관련 자료 조사 및 수집하기 　- 인기 있는 이모티콘 조사, 수집하기	2
	• 이모티콘 아이디어 떠올리기 　- 주변에서 아이디어 찾기 　- 경험에서 아이디어 찾기	1
	• 이모티콘 캐릭터 만들기 　- 나만의 캐릭터 제작하기, 캐릭터의 표정 떠올리기, 캐릭터에 어울리는 소품 떠올리기	2
	• 이모티콘 콘티 만들기 　- 32가지의 이모티콘 메시지 쓰기, 이모티콘 스케치하기, 디지털드로잉으로 이모티콘 디자인하기	4
개선 하기	• 작업 중인 이모티콘 중간발표회 참여하기 • 피드백을 반영하여 이모티콘 개선하기	2
공유 하기	• 완성된 이모티콘 작품 공유하기 • 완성된 이모티콘 작품 제안서 쓰기 　- 이모티콘 스튜디오에 완성된 이모티콘과 제안서 제출하기 　　(카카오톡, 밴드 스티커샵, 모히톡, 라인 등)	4
성찰 하기	• 이모티콘 만들기 수업 성찰하기 　- 처음, 중간, 끝 형식으로 성찰 글쓰기 　- 다음 수업에 바라는 점 나누기	1

[1단계] 질문하기

| '어떻게 하면' 질문 | 우리는 어린이 이모티콘 작가!! 어떻게 하면 감정이 잘 나타난 이모티콘을 만들 수 있을까? |

학생들의 흥미를 자극하는 주제를 던져주게 되면 학생들의 질문이 폭발합니다. 호기심과 관심을 유발하는 주제에 대해서는 궁금한 게 많을 수밖에 없으니까요. 그래서 학생들에게 '어떻게 하면' 질문을 제시한 다음에는 자유롭게 질문을 받아보는 게 좋습니다. 감정이 나타난 이모티콘을 만들자고 하자 학생들은 다음과 같은 질문을 하였습니다.

- "이모티콘은 어디에 보내고 만약 팔리면 판매한 저작료는 어디로 들어오는 건가요?"
- "움직이는 이모티콘도 있고, 그림만 있는 이모티콘이 있는데 뭘 만드는 게 좋을까요?"
- "움직이는 이모티콘을 만드는 법을 기초부터 가르쳐주실 수 있나요?"

[2단계] 계획하기

계획하기 단계에서는 결과물을 만들기 위한 밑그림을 그립니다. 어떤 과정을 거쳐 결과물을 완성하게 되는지를 교사와 학생이 함께 살펴보게 됩니다. 이모티콘 만들기 수업은 다음과 같은 순서로 진행하기로 계획했습니다.

1. 이모티콘 관련 자료 조사 및 수집하기

2. 이모티콘 아이디어 떠올리기

3. 이모티콘 캐릭터 만들기

4. 이모티콘 콘티 만들기

5. 작업 중인 이모티콘 중간발표회 참여하기

6. 피드백을 반영하여 이모티콘 개선하기

7. 완성된 이모티콘 작품 공유하기

8. 완성된 이모티콘 작품 제안서 쓰기

9. 이모티콘 만들기 수업 성찰하기

계획하기 단계에서는 계획 세우기와 함께 팀 만들기를 합니다. 사실 이모티콘 만들기는 팀으로 작업하기 어려운 주제입니다. 대부분의 화가, 작가들이 혼자서 작업하는 것을 생각해보면 이해하실 수 있겠죠? 하지만 학생들과 협의하여 이번 수업은 팀을 이뤄 작업하는 것으로 생각을 모았습니다.

|3단계| 탐구하기

이번 수업에서는 탐구하기의 과정을 크게 네 부분으로 구분했습니다.

이모티콘 관련 자료 조사 및 수집하기

좋은 결과물을 만들어내기 위해서는 참고자료를 얼마만큼 찾아보았느냐가 꽤 큰 영향을 미칩니다. 학자들이 논문을 쓸 때 참고문헌을 찾아보고, 화가들이 평소 다른 화가들이 그린 그림을 감상하고, 감독들이 선대 감독들의 작품을 통해 영감을 떠올리는 것처럼 말이죠.

　창의적인 이모티콘을 만들기 위해서는 이모티콘 스튜디오에서 다양한 이모티콘을 살펴보고 현재 인기를 끌고 있는 이모티콘들이 무엇인지, 그 이모티콘이 인기를 끄는 이유는 무엇인지, 그 이모티콘을 통해 떠올린 아이디어를 나의 이모티콘에 어떻게 녹여내고 싶은지 등을 생각해보는 과정이 필요합니다. 학생들에게 "그려보세요."라고 말하기 전에 충분히 감상하고 생각할 기회를 줘야 합니다.

이모티콘 아이디어 떠올리기

창작 수업에서 아이들은 내 안에 있는 걸 바깥으로 꺼내면서 배우게 됩니다. 우리가 일반적으로 생각하는 수업들과 달리 아이디어를 확산시키고 산출해내는 데 시간과 에너지를 많이 사용하게 됩니다.

　아이디어를 확산시키는 데 유용한 방법의 하나로 토니 부잔(Tony Buzan)이 개발한 것으로 알려진 마인드맵이 있습니다. 마인드맵만큼이나 생각을

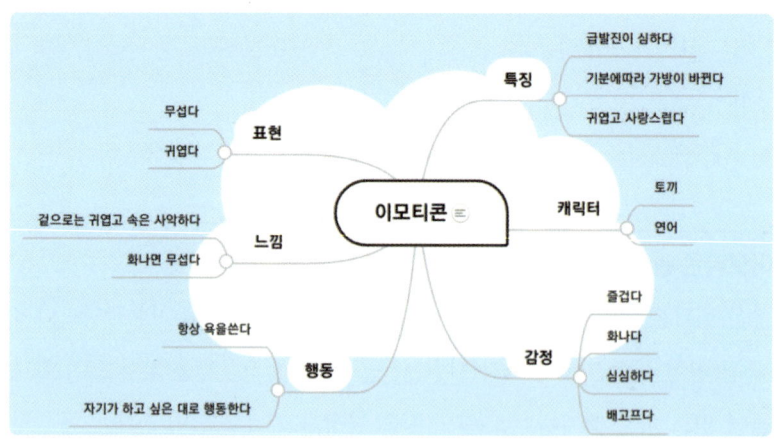

확장하는 데 유용한 방식으로 브레인스토밍도 있습니다. 마인드맵과 브레인스토밍은 비슷해 보이지만 차이가 있습니다. 이번 수업에서는 모둠별로 선호하는 방법을 골라 이모티콘에 대한 아이디어를 확산시키도록 했습니다.

이모티콘 캐릭터 만들기

활동지를 이용해 이모티콘 캐릭터를 만들어봅니다. 짜임새 있는 캐릭터를 만들기 위해 활동지에는 다음과 같은 요소들이 포함됩니다.

이모티콘 캐릭터 기본 정보 만들기	이모티콘 캐릭터 표정 그리기	이모티콘 캐릭터 분위기 정하기
• 이모티콘 캐릭터의 생김새 • 이모티콘 캐릭터의 이름 • 이모티콘 캐릭터의 특징	• 기쁜 표정 그리기 • 슬픈 표정 그리기 • 화난 표정 그리기	• 캐릭터에 어울리는 소품 • 캐릭터에 어울리는 색깔 • 캐릭터에 어울리는 배경

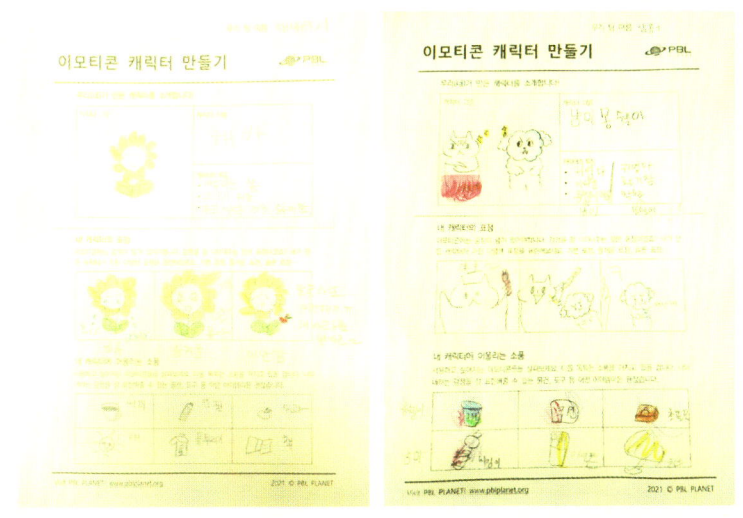

이모티콘 콘티 만들기

이모티콘 콘티 만들기는 다시 3가지 작은 활동으로 나뉩니다.

- 32가지의 이모티콘 메시지 떠올리기
- 이모티콘 스케치하기
- 디지털 드로잉으로 이모티콘 디자인하기

실제로 수업을 해보면 알 수 있지만, 학생들은 처음부터 당장 그릴 생각만 합니다. 의욕이 흘러넘치죠. 하지만 충분한 구상 없이 제작에 들어가면 아이디어 부족으로 실패할 확률이 굉장히 높습니다. 왜냐하면 그려야 할 이미지의 종류가 무려 32개나 되기 때문입니다. 당장 떠오르는 이미지를 그려 나가다가 벽에 부딪힌 학생들이 한둘이 아니었습니다.

그러므로 이모티콘 콘티 만들기는 32가지 이모티콘에 어울리는 감정을 떠올리는 일부터 시작해야 합니다. 생각을 넓게 펼치고, 하나씩 채워나가는 느낌으로 만들어가야 합니다. 그래야 다 만들 수 있습니다. 만약 학생들이 32가지 감정을 떠올리기 어려워한다면 인공지능 챗봇의 도움을 받을 수도 있습니다. 챗봇에게 "긍정적인/부정적인 감정 32가지를 말해줘."라거나 "긍정적인 감정을 느끼는 10가지 상황을 말해줘."라고 물어보는 겁니다. 1분이 채 되지 않아 답을 얻을 수 있습니다.

또한 이 단계에서는 실제 태블릿을 활용하여 이모티콘을 그리게 됩니다. 교사인 내가 잘 그리지 못하는데 어떻게 가르쳐줄 수 있을지 고민된다고요? 걱정하지 마세요. 유튜브에 전문 작가들이 올려놓은 '이모티콘 만드는 방법' 영상 자료들이 풍부하게 준비되어 있습니다. 그리고 5분만 그려보면 알 수 있습니다. 학생들이 교사인 나보다 잘 그린다는 사실을요!

|4단계| 개선하기

개선하기 단계에서는 중간발표회가 굉장히 중요합니다. 이모티콘처럼 제작에 오랜 시간이 소요되는 작품의 경우, 최종 결과물을 완성하기 전에 타인들의 피드백을 받을 기회가 필요합니다. 그래야만 낭패를 피할 수 있습니다. 갑자기 떠오르네요. 예전에 했던 디지털 드로잉 수업의 가장 마지막 단계에서 "이렇게 그리려던 게 아니었는데요. 선생님, 다시 해도 돼요?"라고 물어보던 아이들의 모습이….

중간발표회는 구글 슬라이드를 활용하여 진행했습니다. 구글 슬라이드에 업로드하게 한 이유는 학생들이 서로 피드백해줄 기회를 충분하게 주기 위해서였습니다. 학생들은 구글 문서 도구의 댓글 기능을 사용해 피드백을 주고받았습니다. 물론 교실에서 구두로 피드백을 할 수도 있습니다. 하지만 구두 피드백은 그 순간이 지나면 사라져버린다는 단점이 있습니다. 수정해야 할 부분이 무엇인지 기록으로 남기고 이를 바탕으로 수정해가는 과정이 필요했습니다.

피드백 과정에서의 확인 사항

1. 이모티콘에 다양한 감정이 담겨 있어 메신저 대화에서 사용할 수 있나요?
2. 누가 언제 쓸 수 있는지를 알 수 있는 이모티콘인가요?
3. 멈춰 있는 이모티콘인가요?
4. 모바일 화면에서 잘 보이는 이모티콘인가요? (360x360px)
5. 창의적이고 개성 있는 이모티콘인가요?
6. 저작권 문제, 윤리적인 문제가 없는 이모티콘인가요?

이모티콘 스튜디오에서 공개하고 있는 승인 기준에 맞춰 피드백을 공유했습니다.* 그리고 피드백 내용에 맞춰 이모티콘을 개선했습니다.

* 카카오톡 이모티콘 스튜디오.(emoticonstudio.kakao.com)

|5단계| 공유하기

완성된 이모티콘 작품은 학급 내에서 공유하고, 회사 측에 보낼 작품 제안서를 씁니다.

  이번 수업을 통해 완성한 결과물이 팀별로 각각 32개이기 때문에 모두 공유한다는 건 사실 쉬운 일이 아닙니다. 그래서 학급 밴드에 32개의 이모티콘을 묶어서 올리는 방법을 선택했습니다. 네이버 밴드 사진첩의 모아보기 기능을 이용하면 여러 장의 이모티콘을 함께 볼 수 있어 매우 편리합니다.

  작품 제안서는 웹상에서 쓰기 전에 활동지를 이용해서 써봅니다. 다음은 제안서에 들어가야 할 내용을 질문으로 제시하여 만든 활동지 양식입니다.

이모티콘 활동지 양식

이모티콘 상품명	우리가 이 이모티콘을 만들게 된 이유는?
이모티콘 설명	우리가 만든 이모티콘의 특별한 점은?
	우리가 만든 이모티콘을 주로 사용하게 될 사람은?
	우리가 만든 이모티콘과 관련된 검색어는?

[6단계] 성찰하기

이모티콘 만들기 수업은 모두 20시간에 걸쳐 이루어졌습니다. 그래서 학생들 나름대로 하고 싶은 말이 많았죠. 성찰일기를 쓰기 시작하자 두 쪽도 모자란 학생들이 많았습니다. 이번 수업을 되돌아보면서 아이들은 다음과 같은 후기를 남겼습니다.

- "나는 이번 수업에서 가장 재밌던 때는 캐릭터를 구상할 때였다. 각자의 개성 있는 상상력으로 특유의 캐릭터를 만들어낸다는 건 정말 대단한 일이라고 생각한다."
- "나는 이번 수업을 통해 협력의 중요성을 배웠다. 그리고 디지털 드로잉으로 그림을 채색하는 실력도 늘어났다."
- "이번 수업은 아주 재미있었고, 이모티콘이 채택되면 좋겠지만 안 돼도 너무 뿌듯할 것 같다. 그래도 그 어떤 수업보다 최선을 다했으니 우리 모둠이 만든 이모티콘이 꼭 채택되길 바란다."

이미지 디자인 도구 '캔바(Canva)' 사용법

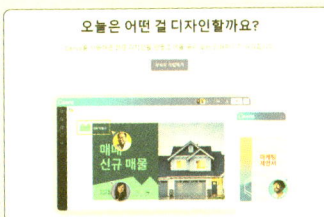

1. 캔바에서 회원 가입을 한다.

2. [추천항목]에서 원하는 디자인 유형을 확인한다.(교육 프레젠테이션, 포스터 등)

3. '교육용 포스터'를 선택한다.

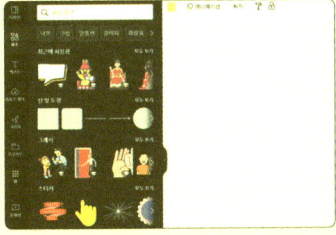

4. [요소]를 클릭해 원하는 이미지를 선택한다.

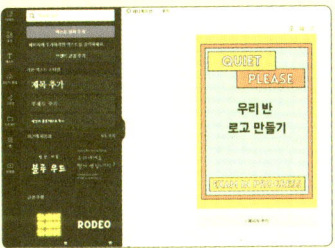

5. [텍스트]를 클릭해 원하는 문구를 쓴다.

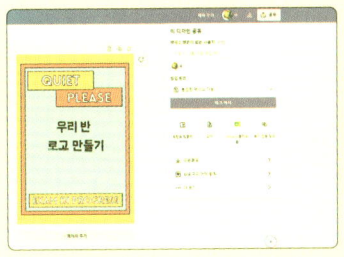

6. [공유] 버튼 속 [다운로드]를 클릭해 완성된 이미지를 내려받는다.

인공지능과 함께
네 컷 동화 만들기

수업에 활용하기 좋은 인공지능 기술 중 하나는 텍스트를 입력하면 인공지능이 그 내용에 맞춰 이미지를 만들어주는 기술입니다. 문자를 이미지로 바꿔준다고 하여 TTI, 즉 'Text to Image'로 불리죠. TTI 소프트웨어 보급 초기에 이 기능은 달리나 미드저니 같은 플랫폼에서 사용할 수 있는 기능이었으나, 시간이 지나며 캔바나 미리캔버스 같은 디자인 플랫폼에서도 사용할 수 있게 되었습니다. 이제 그림 솜씨가 부족해도 어떤 그림을 그리고 싶은지 글로 설명만 잘하면 인공지능이 그림을 그려주는 시대가 된 것입니다. '인공지능이 그려주는 그림에 아이디어를 더하여 또 다른 창작물을 만들어볼 수 있지 않을까?' 하고 생각하다가 국어와 미술을 융합한 '인공지능과 함께 네 컷 동화 만들기' 수업을 떠올렸습니다.

인공지능과 함께 네 컷 동화 만들기 수업은 4차시로 운영되었으며, 이를 통해 다음과 같은 역량을 기를 수 있습니다.

- 디지털 지식과 기술에 대한 이해 역량
- 인공지능을 활용한 이미지 생산 역량
- 동화 제작을 위한 정보 수집 역량
- 생성형 인공지능 활용 역량

인공지능과 함께 네 컷 동화 만들기 수업에 활용할 수 있는 성취기준은 다음과 같습니다.

2022 개정 교육과정 성취기준

[6국03-04] 독자와 매체를 고려하여 내용을 생성하고 표현하며 글을 쓴다.
[6국03-06] 쓰기에 적극적으로 참여하며 자신의 글을 독자와 공유하는 태도를 지닌다.
[6국06-03] 적합한 양식과 수용자의 반응을 고려하여 복합양식 매체 자료를 제작하고 공유한다.
[6미02-02] 디지털 매체 등 다양한 표현 재료와 용구를 탐색하여 작품 제작에 활용할 수 있다.
[6미02-05] 미술과 타 교과의 내용과 방법을 융합하는 활동을 자유롭게 시도할 수 있다.

네 컷 동화 만들기 수업에서 활용할 수 있는 디지털 도구로는 오픈AI의 달리2(DALL·E 2)나 미드저니(Midjourney), 뤼튼(wrtn) 등이 있습니다. 이러한 도구를 사용하면 간단한 프롬프트 입력을 통해 아이디어를 이미지화할

달리2(openai.com/dall-e-2), 미드저니(midjourney.com), 뤼튼(wrtn.ai), AskUp(pf.kakao.com/_BhxkWxj).

수 있습니다. 이미지 생성 도구뿐만 아니라 아숙업, 뤼튼 등의 인공지능 챗봇을 통해 네 컷 동화의 줄거리를 만드는 데 필요한 이야기 소재, 구성, 흐름 등에 대한 아이디어를 얻을 수 있습니다.

> **[인공지능 챗봇 똑똑하게 사용하는 법] 영어로 질문하기**
> 뤼튼, 아숙업과 같은 대형 인공지능 언어 모델에는 세계에서 많이 사용되는 언어로 기록된 데이터가 많을 수밖에 없다. 그러므로 조금 더 정확하고 다양한 답변을 얻기 위해서는 번역기를 사용하여 영어로 질문하는 게 좋다. 예를 들면 다음과 같다.
> - 코끼리와 기린이 주인공인 짧은 동화를 만들어줘.
> → Please make a short fairy tale featuring an elephant and a giraffe.
>
> • 예시
>   1. 음식과 관련된 재미있는 동화를 10줄 정도로 만들어줘.
>   → Make about 10 lines of fun fairy tales related to food.
>   2. '토끼와 거북이' 이야기를 행복한 결말로 다시 써줘.
>   → Rewrite the 'Rabbit and Turtle' story with a happy ending.
>   3. 운동화 하나로 부자가 된 가난한 소년의 이야기를 꾸며 써줘.
>   → Make up the story of a poor boy who became rich with just one pair of sneakers.

[1단계] 이야기 만들기

네 컷 동화 만들기의 첫 번째 단계는 네 문장 또는 네 장면으로 구성할 수 있는 짧은 이야기를 만드는 것입니다. 그런데 학생들에게 "네 컷 동화에 담을 이야기를 자유롭게 써보세요."라고 말하면 대부분의 학생이 어떻게 써야 할지 몰라 막막해하는 모습을 보입니다. 국어 수업에서는 대개 특정한 주제가 등장하고, 학생들은 그에 맞춰 꾸며 쓰는 경우가 많기 때문입니다. 이럴 때는 초등학생들이 좋아하는 단골 소재인 동물 또는 음식을 가지고 이야기를 써보라고 정해주는 게 좋습니다. 둘 중 어느 것을 고르더라도 이야기들을 많이 만들어낼 수 있기 때문입니다. 또 하나의 방법은 네 컷 동화 만들기 자체를 다른 교과 수업과 연결하는 것입니다. 예를 들어 사회 수업에서 다룬 내용이나 상황을 이야기로 확장해보는 것이죠.

네 컷 동화의 내용을 구성할 때는 기승전결이 명확하게 구분되면 좋겠지만, 네 장면으로 나누어 이야기를 쓴다는 것 자체가 초등학생들에게는 쉬운 작업이 아니므로 조금 부족하더라도 인정해주고 격려해주는 게 좋습니다.

[2단계] 인공지능으로 이야기에 어울리는 그림 만들기

TTI 기능을 이용하기 위해서는 인공지능 소프트웨어에서 프롬프트를 입력할 수 있어야 합니다. 프롬프트란 인공지능을 움직이게 만드는 명령어를 말합니다. 프롬프트(text)를 어떻게 입력하느냐에 따라 인공지능이 만들어낼 그림(image)이 달라집니다. 그러므로 내가 쓴 이야기에 어울리는 그림을 만들려면 프롬프트를 고심해서 써야 합니다. 프롬프트를 어떻게 쓰느냐에 따라 완성되는 그림이 많이 달라지니, 어휘나 문장 구성 등을 바꿔가며 프롬프트를 여러 번 만들어보는 것이 좋습니다.

다음은 학생들이 작성한 네 컷 동화 프롬프트 예시입니다.

- 물을 마시고 있는 남자아이
- 오른손에 컵을 든 남자아이가 피자를 먹는 모습
- 엄마와 초코케이크를 만드는 여자 어린이
- 초코케이크를 들고 활짝 웃고 있는 여자 어린이
- 사과나무에 사과 한 개가 매달려 있는 모습
- 농부가 사과나무에 매달린 사과를 따는 모습

[3단계] 그림과 이야기를 더해 네 컷 동화 만들기

내가 쓴 이야기대로 인공지능이 그린 그림이 완성되었습니다. 다음 단계는 글과 그림을 잘 배치하여 동화를 만드는 것이겠죠? 이 작업을 하기 위해서는 캔바나 미리캔버스 같은 디자인 플랫폼을 활용하는 게 좋습니다.

이때 2가지를 주의해야 합니다. 첫 번째는 동화(그림책)의 화면 구성에 대한 이해입니다. 보통 그림책은 한쪽에 커다랗게 그림을 배치하고 그림 옆이나 하단에 글을 배치하는 경우가 많습니다. 이렇게 배치하는 방식이 가독성을 높여주기 때문이죠. 그런데 이런 기본적인 화면 구성을 알지 못하는 학생들이 의외로 많습니다. 그러므로 이 수업을 하기 전에 실제 그림책을 2권 정도 보여주면서 글과 그림의 배치 방법에 대해 설명을 해주는 시간이 필요합니다. 두 번째는 문법에 대한 이해입니다. 활동이 주가 되는 수업이다 보니 문법을 지도하는 데 시간과 에너지를 많이 쏟기는 어렵습니다. 하지만 맞춤법, 문장부호, 문단 정렬, 문맥의 흐름에 따른 문장 끊어 쓰기 등 기본적인 문법은 반드시 설명해줄 필요가 있습니다. 초등학교 고학년 학생들도 이러한 문법을 어려워하는 경우가 많으므로 번거롭더라도 개별적으로 살펴보고 피드백해주는 게 좋습니다.

다음은 문법 교정이 필요한 중간 과정의 학생 예시입니다.

|4단계| 완성된 네 컷 동화 공유하기

완성된 네 컷 동화는 여러 사람과 공유하는 게 좋습니다. 디자인 플랫폼을 이용하여 만들었기 때문에 JPG, PNG, GIF 등의 이미지 파일로 저장할 수도 있고, MP4와 같은 동영상 파일로도 저장할 수 있습니다. 학급 안에서는 패들렛을 이용하여 공유할 수 있고, 카카오톡이나 SNS 계정을 통해 학교 밖 친구들과도 내가 만든 동화를 공유하고 피드백도 받을 수 있습니다.

[5단계] 성찰하기

네 컷 동화를 만드는 수업 과정에서 학생들의 생각과 감정을 돌아보게 하는 것도 좋지만, 학생들에게 "내가 쓴 글을 그림으로 바꿔주는 인공지능 기술을 이용해서 어떤 일을 해보고 싶나요?"라거나 "글을 그림으로 바꾸는 인공지능 기술이 가장 필요한 사람은 누구일까요? 그리고 이 기술은 그들에게 어떤 도움을 줄까요?" 같은 질문을 해보시는 걸 추천합니다. 학생들이 인공지능을 활용해서 세상을 어떻게 발전시키고 사람들에게 어떤 도움을 줄 수 있을지 생각해보는 시간을 가질 수 있습니다.

새해 카드 만들기

최근 급속하게 성장하는 플랫폼이 있습니다. 저작권 걱정 없이 PPT, 유튜브 섬네일, 카드 뉴스, 포스터 등을 만들 수 있는 그래픽 플랫폼입니다. 미리캔버스, 캔바, 망고보드와 같은 플랫폼이 늘어나면서 사람들은 누구나 손쉽게 고품질의 결과물을 만들 수 있게 되었습니다. 완성한 이미지를 인쇄할 수도 있습니다. 클릭 몇 번으로 내가 만든 디지털 이미지를 명함, 스티커, 현수막, 배너, 카드, 포스터, 전단지, 스마트폰 케이스로 바꿀 수 있게 된 거죠. 새해 카드 만들기 수업은 이런 변화의 흐름에 맞춰 진행한 수업입니다.

새해 카드 만들기 수업은 8차시로 운영되었으며, 이를 통해 다음과 같은 역량을 기를 수 있습니다.

- 디지털 지식과 기술에 대한 이해 역량
- 새해 카드에 관한 정보 수집 역량
- 새해 카드 이미지 디자인 역량

새해 카드 만들기 수업에 활용할 수 있는 성취기준은 다음과 같습니다.

2022 개정 교육과정 성취기준

[6미02-02] 디지털 매체 등 다양한 표현 재료와 용구를 탐색하여 작품 제작에 활용할 수 있다.

[6미02-05] 미술과 타 교과의 내용과 방법을 융합하는 활동을 자유롭게 시도할 수 있다.

[6미03-01] 미술 작품을 작품이 만들어진 시대적·지역적 배경 등과 연결하여 이해할 수 있다.

새해 카드 만들기 수업에서는 인공지능 이미지 생성 소프트웨어 미드저니(Midjourney)를 활용하여 새해와 관련된 그림, 연말과 관련된 그림, 행운을 기원하는 그림 등을 만들어낼 수 있습니다. 생성형 인공지능이 만든 그림을 그대로 이용하거나 참고하여 나의 새해 카드를 만들 수 있습니다. 새해 카드에 어울리는 인사말은 인공지능 챗봇의 추천을 받아도 좋습니다.

또한 아이작(Aisac)의 광고 아카이브 기능을 사용하여 새해와 관련된 광고를 검색해볼 수 있습니다. 트렌드 분석 기능을 이용해 새해와 관련되어 자주 사용되는 인스타그램 해시태그들을 알아볼 수도 있고, 데이터 시각화 기능을 사용하여 검색하고자 하는 키워드 및 관련 단어들을 확인해보며, 새해 카드 제작에 필요한 아이디어를 얻을 수 있습니다.

> **[인공지능 챗봇 똑똑하게 사용하는 법] 예를 들어 설명하기**
>
> 질문만으로 궁금한 점을 설명하기 어려울 때는 예를 드는 게 좋다. 구체적인 예를 들어 질문하면 인공지능 챗봇도 예로 든 내용에 어울리는 답변을 주기 때문이다.
> - 새해 인사로 좋은 메시지 5개를 추천해줘.
>   → "새해 복 많이 받으세요."처럼 새해 인사로 좋은 메시지 5개를 추천해줘.
>
> • 예시
>   1. 12월에 어울리는 그림 소재 10가지를 알려줘.
>   → 눈, 성탄절, 눈사람, 트리, 스키처럼 12월에 어울리는 그림 소재 10가지를 알려줘.
>   2. 귀여운 카드를 만들기 위해 그리면 좋은 소재를 알려줘.
>   → 귀여운 카드를 만들기 위해 그리면 좋은 소재를 알려줘. 예를 들어 병아리, 고양이, 강아지처럼 작고 귀여운 동물 말이야.
>   3. 연하장에 들어가면 좋은 메시지를 추천해줘.
>   → "새해 복 많이 받으세요." 또는 "올해에도 좋은 일만 가득하세요."처럼 연하장에 들어가면 좋은 메시지를 추천해줘.

[1단계] 새해 카드 이미지 검색하기

새해 카드 만들기 수업에서 중요한 건 매력적인 디자인입니다. 물론 새해 카드 속에는 새해의 의미(2022년이라면 임인년의 의미)가 담겨 있어야 하고요. 새해 카드를 만들기 위한 첫 번째 단계는 이전 해의 새해 카드는 어떻게 디자인되어 있는지를 살펴보는 것입니다. 참고 작품을 많이 봐야 좋은 결과물을 만들 수 있는 법이니까요. 사실 처음 계획은 학생들에게 새해 관련 검색 키워드를 알려주고 개인별, 모둠별로 이미지를 검색해보도록 하는 것이었습니다. 그런데 이 방법을 선택하면 학생들이 찾아봐야 하는 이미지의 범위가 너무 넓을 것 같아 예시자료를 몇 개 보여주는 것으로 방법을 수정했습니다. 예시자료를 보여준 뒤에는 10분 정도의 시간을 주고 학생들이 직접 참고자료를 찾아보도록 했습니다.

디지털 드로잉과 관련된 수업을 할 때 교사는 다음 내용을 고민해볼 필요가 있습니다.

- 학생들이 참고자료를 직접 찾아보게 할 것인가?
- 학생들이 참고자료를 찾을 수 있는 키워드만 제공할 것인가?
- 교사가 참고자료를 찾아 곧바로 제시해줄 것인가?

디지털 소양에는 정보 수집 역량도 포함되어 있습니다. 교사가 어떤 방식을 선택하느냐에 따라 학생들이 중점적으로 함양할 수 있는 역량이 달라진다는 점을 염두에 두고 수업을 진행할 필요가 있습니다.

[2단계] 임인년의 의미 알기

새해 카드 만들기 수업 아이디어를 처음 떠올리던 날에는 정말 간단하게 생각했습니다. 하지만 학생들과 함께 2021년, 2020년 새해 카드를 검색해보면서 12간지에 해당하는 동물들이 새해 카드 속에 등장한다는 사실을 알게 되었습니다.

실제로 새해 카드 만들기 수업을 시작하던 첫 번째 시간에 학생들이 가장 많이 한 질문은 바로 이것이었습니다.

"선생님, 임인년이 무슨 말이에요?"

저는 그 뜻을 찾아보고 임인년의 의미를 설명해주었습니다.

1. 임인년은 육십간지 중 39번째 해를 말한다.
2. 임(壬)은 '흑색'을 의미한다.
3. 인(寅)은 '호랑이'를 의미한다.
4. 그러므로 2022년은 '검은 호랑이의 해'가 된다.

이렇게 4단계를 거쳐 설명하고 나니 학생들의 입에서 또 다른 질문이 나옵니다.

"육십간지가 무슨 말이에요?"

새해 카드를 만드는 데 육십간지까지 알아야 할 필요가 있을까 싶지만, 학습의 기본은 흥미를 넓혀가는 것입니다. 학생들이 호기심의 끈을 놓지 않게 만들어주는 게 교사의 역할이라면 그 순간 대답을 잘 해줘야 합니다.

[3단계] 새해 카드 디자인하기

임인년의 의미를 알았다면 검은 호랑이라는 소재를 사용해 새해 카드 디자인을 시작해야겠죠? 학생들은 태블릿PC에서 디지털 드로잉 애플리케이션을 활성화하고 새해 카드를 만들기 시작했습니다.

그런데 시작한 지 한참이 지나도록 아무것도 그리지 못하는 학생들이 많앉습니다.

"왜 아무것도 안 그리고 있어?"

"호랑이를 어떻게 그려야 할지 모르겠어요."

새해 카드 만들기의 출발점인 호랑이 그리기를 극복하지 못하면 그다음 과정도 밟을 수 없는 법. 호랑이 그리기에 어려움을 겪는 학생들에게 다음과 같은 방법을 알려줬습니다.

1. 기존 작품을 참고하여 그리기

① 그리려고 하는 이미지를 검색 사이트에서 찾는다.
② 검색한 이미지를 참고하여 그린다.

※ 참고한다는 건 그림을 보고 똑같이 그리는 게 아닙니다. 아이디어만 얻는 것입니다. 처음 이 그림을 그린 사람이 나의 그림을 보았을 때, "어? 이거 내 그림과 비슷한데?" 라는 생각이 들지 않도록 그려야 한다는 것입니다.

2. 저작권 무료인 그림을 활용하기

① 저작권이 없는 이미지 사이트에서 그림 검색하기
② 검색한 그림을 라인드로잉으로 따라 그리기

※ 모든 그림에는 저작권이 있습니다. 그런데 예외적으로 창작가가 저작권을 무료로 공유하는 곳이 있습니다. 픽사베이(Pixabay), 언스플래시(Unsplash), 픽점보(Picjumbo) 와 같은 사이트에서는 이미지 파일을 무료로 공유하고 있습니다.

다음의 새해 카드는 무료 이미지 사이트에서 내려받은 호랑이 사진을 라인드로잉이라는 디지털 드로잉 기법을 이용해 재창조한 작품입니다.

[4단계] 새해 카드 제작하기

새해 카드를 디자인해보는 것에서 수업을 끝낼 수도 있습니다. 하지만 더욱 실재감 있는 수업을 위해 학생들이 디자인한 새해 카드를 업체의 손을 거쳐 실제 카드로 재탄생시켰습니다. 앞면만 그럴싸한 게 아닙니다. 뒷면도 실제로 판매되는 카드처럼 그래픽이 포함되어 있습니다. 새해 카드의 전체적인 품질이 높아졌습니다.

 실물 카드가 도착하던 날, 우리 반 학생들은 깜짝 놀랐습니다. 학생들은

"이게 진짜 우리가 만든 거라고요?"라고 몇 번이나 되물었습니다.

|5단계| 새해 카드 공유하기

완성된 새해 카드는 부모님, 친구, 새해 인사를 나누고 싶은 누군가의 손에 전달되었습니다. 새해 카드를 전달하는 우리 반 친구들의 마음은 어땠을까요? 그리고 새해 카드를 받아본 사람들의 마음은 어땠을까요? 새해 카드를 만들며 디지털 인쇄물을 경험한 학생들은 다음에는 어떤 결과물 만들기에 도전하게 될까요?

우리 반 로고 만들기

기업이 지향하는 철학을 보여주는 여러 가지 요소 중 하나는 그 기업의 브랜드 로고입니다. 우리에게 익숙한 스타벅스, 버거킹, 베스킨라빈스 등의 프렌차이즈 로고는 초등학교 저학년 학생들도 알 정도로 익숙합니다. 생각해보면 학급살이, 학급 운영도 하나의 기업체를 운영하는 것과 비슷한 점이 많습니다. 학급은 학생들의 학력 신장, 올바른 인성 함양이라는 목표로 일 년 열두 달을 함께 살아갑니다. '학급살이를 더 잘하기 위해 우리 반만의 로고가 있다면 어떨까?' 하는 생각을 하게 되었습니다. 이 수업은 새 학기가 시작되는 3월에 학생들과 함께하기 좋으며, 총 8차시로 운영되었습니다.

우리 반 로고 만들기 수업에서는 다음과 같은 역량을 기를 수 있습니다.

- 로고 디자인에 대한 이해 역량과 윤리의식
- 기업의 로고와 관련된 정보의 수집 역량
- 창의적인 로고의 생산 역량과 완성된 로고 이미지의 활용 역량

우리 반 로고 만들기 수업에 활용할 수 있는 성취기준은 다음과 같습니다.

2022 개정 교육과정 성취기준

[6미02-01] 다양한 방법으로 아이디어를 연결하여 확장된 표현 주제로 발전시킬 수 있다.
[6미02-02] 디지털 매체 등 다양한 표현 재료와 용구를 탐색하여 작품 제작에 활용할 수 있다.
[6미03-03] 공동체의 미술 문화 활동에 관심을 가지고 참여하여 경험을 공유할 수 있다.

우리 반 로고 만들기 수업에서는 인공지능 기반 로고 생성 플랫폼 BrandCrowd와 Tailor Brands, 네임릭스(Namelix), 캔바(Canva), 아이작(AiSAC) 등을 이용할 수 있습니다. 인공지능이 만들어주는 로고를 그대로 활용할 수도 있고 아이디어를 얻는 용도로만 사용할 수도 있습니다.

네임릭스와 같은 플랫폼을 사용하여 회사 이름, 브랜드 이름 등을 만들 수 있습니다. 캔바를 이용하여 로고를 직접 디자인할 수도 있습니다. 캔바에서는 이미지뿐만 아니라 컵, 포스터, 스티커 등을 제작할 수 있습니다. 인공지능 기반 광고 창작 지원 서비스인 아이작에 우리 반 로고의 속성이나 핵심 단어 등을 입력하여 홍보에 필요한 광고 문구를 만들 수도 있습니다.

BrandCrowd(brandcrowd.com), Tailor Brands(tailorbrands.com), 네임릭스(namelix.com), 캔바(canva.com), 아이작(aisac.kobaco.co.kr).

[인공지능 챗봇 똑똑하게 사용하는 법] **답변의 형식을 지정하기**

인공지능 챗봇에게 질문을 할 때 결과물의 형식, 분량 등을 함께 입력하면 사용자가 원하는 유형 및 형식의 답변을 얻을 수 있다. 예를 들면 다음과 같다.
- ~을 대화문으로 써줘.
- ~을 300개 단어 정도로 써줘.

- 예시
  1. 사람들이 좋아하는 로고의 특징 3가지를 말해줘.
  2. 인공지능을 활용하여 로고를 만들어주는 사이트를 5개 추천해줘.
  3. 기억하기 쉬운 로고의 특징을 5가지로 설명해줘.
  4. 사람들이 좋아하는 로고와 싫어하는 로고의 차이점을 단어 500개 정도로 설명해줘.
  5. 친구들이 만든 로고에 대해 피드백을 해줄 때 어떤 점을 살펴봐야 하는지 단어 500개 정도로 알려줘.

수업 진행 과정

과정	활동 내용	차시
질문하기	• 선생님의 고민(우리 반을 상징하는 것에 대한 고민) 제시하기 • '어떻게 하면 질문' 만들기	1
계획하기	• 우리 반 로고 만들기 계획 세우기	

탐구하기	• 브랜드 로고 살펴보기
	  - 브랜드 로고에 대한 배경지식 쌓기
	  - 로고 제작 방법 알아보기
		1

	• 브랜드 로고 공유하기 - 내가 찾은 로고 소개하기(패들렛 활용)	1

탐구 하기	• 우리 반 로고 만들기(개인 또는 모둠) **로고 제작 시 생각해볼 점** 1. 우리 반만의 특별함이 있는 로고인가? 2. 1년 동안 우리 반에서 사용할 수 있는 로고인가? 3. 기억하기 쉬운 로고인가? 4. 누구나 따라 그리기 쉬운 로고인가?	2
개선 하기	• 우리 반 로고 중간발표와 피드백하기 • 우리 반 로고 개선하기	2
공유 하기	• 완성된 우리 반 로고 발표하기 • 우리 반 로고로 굿즈 만들기	
성찰 하기	• 우리 반 로고 만들기 축하 파티 하기 • 우리 반 로고 만들기 성찰일기 쓰기	1

|1단계| 질문하기

'어떻게 하면' 질문 우리 반의 특징이 드러난 우리 반 로고를 어떻게 만들 수 있을까?

우리 반 로고 만들기 수업을 몇 년째 하다 보니 학생들에게 어떻게 동기부여를 하면 좋을지에 대한 노하우가 생겼습니다. 바로 '선생님의 고민 해결' 방식입니다. 로고 만들기 수업이 처음이라면 다음과 같이 가벼운 대화로 시작해보세요.

교사: 우리 반 친구들! 선생님이 고민이 있는데, 한번 들어줄래요?

학생: 뭔데요?

교사: 우리가 앞으로 1년 동안 함께 살아가죠? 그래서 기념하고 싶은 무언가를 만들고 싶은데 마땅한 아이디어가 떠오르지 않네요. 우리 반을 대표하는 무언가를 만들어보는 것도 좋을 것 같기도 하고요. 좋은 생각 있을까요?

학생: 음, 어떤 걸 만들죠?

교사: 그래서 선생님이 어젯밤에 생각해봤는데, 로고 어때요? 유명한 회사들에 로고가 있는 것처럼 우리 반에도 우리 반을 상징하는 로고가 있으면 좋을 것 같은데….

학생: 로고 좋아요! 우리 반 로고가 있으면 멋있을 것 같아요.

교사: 그런데 선생님의 진짜 고민은 로고를 어떻게 만들지에 대한 좋은 생각이 없다는 거예요.

학생: 그건 우리가 잘 만들 수 있어요!

이 방법을 사용하면 아주 자연스럽게 수업을 시작할 수 있습니다. 학생들이 공부라고 생각하기보다는 선생님의 고민을 해결해주기 위해 우리 반 로고를 만든다고 생각하기 때문입니다.

[2단계] 계획하기

우리 반 로고라는 결과물이 나오기까지의 전 과정을 함께 헤아려봅니다. 결과물을 떠올리고 바로 제작에 들어가는 게 아닙니다. 결과물이라는 목적지까지 가는 과정을 머릿속에 그려보면서 촘촘하게 계획하는 시간이 필요합니다. 우리 반 로고 만들기 수업은 학생들과 논의하여 다음과 같은 순서로 진행하기로 했습니다.

1. 브랜드 로고 살펴보기
2. 브랜드 로고 공유하기
3. 우리 반 로고 만들기(개인 또는 모둠)
4. 우리 반 로고 중간발표와 피드백하기
5. 우리 반 로고 개선하기
6. 완성된 우리 반 로고 발표하기
7. 우리 반 로고를 활용하여 굿즈 만들기

|3단계| 탐구하기

브랜드 로고 살펴보기

좋은 결과물을 만드는 하나의 비법은 참고자료를 많이 찾아보는 것입니다. 학생들은 이미 많은 로고를 알고 있습니다. 하지만 그 로고가 왜 만들어졌는지, 로고에 어떤 의미가 담겨 있는지는 잘 알지 못합니다. 사실 로고 디자이너가 설명해주는 게 가장 좋겠지만, 전문가를 섭외하는 건 쉬운 일이 아닙니다. 하지만 우리에게는 유튜브가 있으니 걱정하지 마세요. 현업으로 로고를 만드는 일을 하는 디자이너, 브랜드 컨설턴트들의 유튜브 채널을 찾아보세요. 그분들이 로고에 얽힌 뒷이야기, 로고의 변화 과정에 관한 이야기 등을 자세히 해주실 테니까요.

브랜드 로고 공유하기
다양한 브랜드 로고를 패들렛에서 공유했습니다. 로그인 없이 링크나 QR 코드만으로 접속할 수 있는 패들렛은 디지털 기반 학습에서 많이 활용됩니다. 온라인 수업 때는 물론이고 교실 수업에서도 디지털 포트폴리오의 역할을 톡톡히 합니다.

우리 반 로고 만들기(개인 또는 모둠)
우리 반 로고를 만든다고 했을 때 가장 많이 나오는 오류는 '우리 반'은 없고, '나'만 있거나 '선생님'만 있는 경우입니다. 로고는 대표성과 독창성이 모두 있는 결과물이어야 합니다. 그런 점에서 우리 반 로고 제작에 들어가기 전에 어떤 로고가 좋은 로고인지를 생각해봐야 합니다.

다음 4가지 질문에 관해 이야기를 주고받으면서 우리 반의 특징을 생각해보고 어떻게 이미지화할지 생각해봅니다.

1. 우리 반만의 특별함이 있는 로고인가?
2. 누구나 따라 그리기 쉽고 간단한 로고인가?
3. 기억하기 쉬운 로고인가?
4. 1년 동안 우리 반에서 사용할 수 있는 로고인가?

학생들에게 4가지 질문에 대해 생각해보고 우리 반 로고의 특징과 의미를 간단히 글로 정리해보도록 하였습니다. 다음은 그중 한 예시입니다.

우리 반 로고의 특징	우리 반 로고에 담긴 의미
우리 반을 지구와 같은 행성으로 나타낸 점	지구에 '생태계'가 있는 것처럼 우리 반에도 우리 반을 연결하는 '우리 반계'가 있다.

4가지 질문을 중심으로 우리 반 로고에 관한 생각을 정리하는 과정을 거쳐 모둠별로 우리 반 로고를 만들었습니다.

모둠별 작품 제작이 끝난 다음에는 학급 전체에서 한 작품을 선정합니다. 그런데 학급 내에서 선정하게 될 경우, 모두 자신의 모둠 작품을 선정한다는 문제가 필연적으로 발생합니다. 이런 문제를 방지하기 위해 구글 설문지를 활용해 온라인 설문 조사를 했습니다. 조사 대상은 학급 친구들을 포함한 교실 밖 사람들로 확장했습니다.

설문 결과 가장 많은 득표를 얻은 모둠은 '하버드 병아리반'이었습니다. 그렇다면 이 모둠이 만든 작품을 우리 반 로고로 확정하고 수업을 마무리하면 되는 걸까요? 아닙니다. 아직 미완성 작품이기 때문에 개선하기 과정을 밟으며 결과물의 품질을 높여가야 합니다.

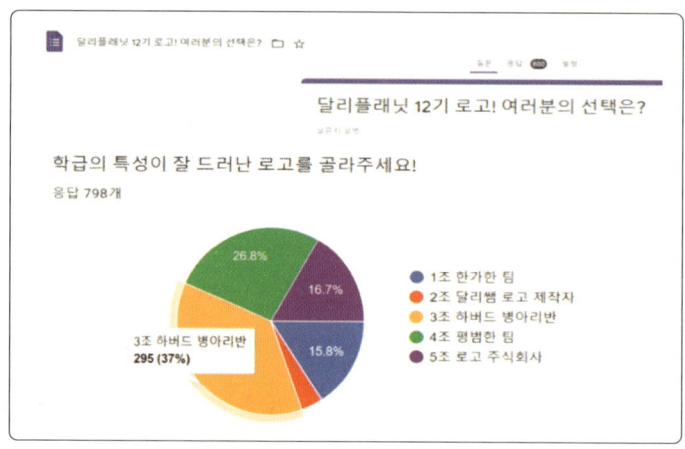

[4단계] 개선하기

결과물을 만드는 데서 수업이 끝나는 게 아닙니다. '만들고 고치고 다시 만들고 다시 고치고'를 반복해야 배울 수 있습니다.

우리 반 학생들은 화이트보드를 활용해 다음과 같은 개선 아이디어를 주었습니다. 그리고 그 내용을 반영하여 우리 반 로고를 디지털 드로잉 작품으로 제작했습니다.

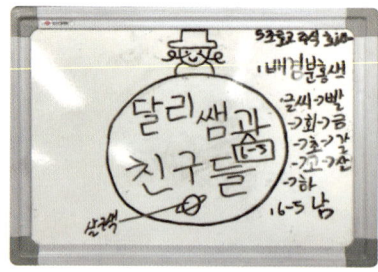 

친구들의 피드백을 받아 최종 완성한 네 작품은 다음과 같습니다.

이 중에서 학급 내 투표를 통해 선정된 작품을 우리 반을 대표하는 로고로 선정했습니다.

|5단계| 공유하기

공유하기 단계에서는 최종적으로 선정된 우리 반 로고를 발표하고, 우리 반 로고를 굿즈로 제작하는 방안에 대해 논의했습니다. 논의 결과, 수업 시간에 떠오르는 이런저런 생각을 적어두거나 모둠 회의를 할 때 필요한 아이디어 노트를 만들기로 했습니다. 아이디어 노트를 처음 받은 날, 우리 반 학생들은 모두 우리 반 로고를 바탕으로 만든 굿즈를 만족스러워했습니다.

[6단계] 성찰하기

디지털 소양을 기르는 인공지능 활용 수업을 어떻게 시작해야 할지 고민하는 교사 분들이 많습니다. 옆 반 선생님도 딱 그 고민을 하고 계시던 분이었죠. 그 선생님께 고민하는 이유를 여쭤봤습니다. 선생님은 이렇게 대답하셨습니다. "성찰하기 단계에서 이런 이야기를 하는 학생들이 있습니다. '더 멋진 로고를 만들었어야 했는데.'라거나 '나 혼자서 만들었다면 더 잘 만들었을 텐데. 친구들과 함께 만들다 보니 아쉬웠다.'라고요."

멋지고 거창한 걸 만들면 좋겠지만, 정작 중요한 건 고품질의 결과물이 아닙니다. 화려한 결과물을 만들었다고 해서 학생들이 많이 배웠다고 말할 수 있을까요? 결과물만으로는 알 수 없습니다. 성찰하기 단계에서는 수업 전체의 과정을 들여다보며 학생들이 '배우는 방법'을 배우는 데 시간과 에너지를 쏟을 수 있도록 도와주어야 합니다.

이번 수업을 마치면서 학생들이 쓴 성찰일기 내용 일부를 소개합니다.

> 우리 반 로고 만들기 수업에서 로고를 그렸는데 재미있었다. …(중략)… 모둠 친구들이랑 로고를 같이 제작해서 더욱 재미있었다. 다음에 태블릿으로 그림을 그리는 시간이 오면 좋은 마음으로 열심히 참여하고 싶다. 직접 태블릿에 펜으로 그림을 그려서 재미있었던 것 같다.

> 나는 우리 반 로고 만들기를 했다. 왜냐하면 선생님께서 우리 반의 로고를 만들려고 하시는데 고민이 돼서 우리 반 모두가 로고를 만들게 되었기 때문이다. 로고 만들기를 배워두면 나중에 우리 가족 로고를 만들 수도 있고, 커서 가게를 차릴 때도 사용할 수 있을 것 같다. …(중략)… 나는 다음에 로고 만들기 수업을 하게 된다면 더욱더 우리 반의 특징이 잘 나타나게 그릴 것이다.

디지털 이미지 만들기 TIP 5

Tip 1. 디지털 드로잉 애플리케이션 하나만 사용하기
활용도가 높고, 좋다고 알려진 디지털 드로잉 애플리케이션이 너무나 많습니다. 그래서 처음 시작할 때는 어떤 애플리케이션을 선택하느냐를 고민하지 않을 수 없죠. 뭐든지 괜찮습니다. 일단 하나에 정통하게 되면 다른 애플리케이션에서 이미지를 만드는 것도 어렵지 않습니다. 이것저것 사용하기보다 하나를 정하고 그 애플리케이션에 충분히 익숙해지는 게 좋습니다.

Tip 2. 태블릿 펜의 보관법, 사용법 알려주기
태블릿PC를 이용해 디지털 이미지를 만드는 수업에서 가장 곤란했던 점은 태블릿 펜을 관리하는 것이었습니다. 분실되는 경우도 많고, 펜촉이 없어지거나 펜이 고장 나는 경우가 많았습니다. 이름표를 붙여 두고, 태블릿 펜을 올바르게 사용하는 방법을 사전에 안내하는 과정이 필요합니다.

Tip 3. 유튜버들의 영상 활용하기
"내가 디지털 드로잉을 잘하지 못하는데 학생들에게 잘 지도할 수 있을까?" 많은 교사 분께서 이런 걱정을 하십니다. 물론 교사가 디지털 도구의 기능을 잘 익히고 있다면 좋겠죠. 하지만 모든 것의 전문가가 될 순 없습니다. 인터넷 세상에 디지털 드로잉 방법을 알려주는 영상이 많습니다. 재능과 감각을 가진 유튜버들의 영상을 적극적으로 활용하세요. 더불어 교사가 모든 걸 알려줘야 한다는 부담을 조금만 내려놓으세요.

Tip 4. 참고자료 찾는 법 알려주기
창의적인 이미지를 만들기 위한 첫 번째 방법은 창의적인 이미지를 많이 보는 것입니다. 어떤 걸 그려보라고 했을 때 생각이 안 난다고 말하는 학생들이 있습니다. 보거나 듣거나 읽은 게 없다면 생각이 나지 않을 수 있습니다. 그러므로 교사가 참고자료를 보여주거나 학생들이 스스로 찾아보는 과정이 필요합니다. 구글이나 네이버의 검색 기능을 사용하여 그리고자 하는 이미지를 찾아보는 방법을 알려주세요.

Tip 5. 평소에 자주 사용할 기회 주기
장난감을 잘 가지고 놀게 하려면 장난감을 많이 만져보면 됩니다. 디지털 이미지를 만드는 것도 똑같습니다. 해당 내용을 수업할 때가 아니더라도 디지털 드로잉 애플리케이션을 사용해 그리면서 공부하거나 노는 기회를 주세요.

PART 5

인공지능 활용 수업
_브이로그 편

가정일 브이로그 만들기

"어떻게 하면 교실 속 배움을 아이들의 삶으로 연결할 수 있을까?" 학생들의 삶과 배움을 연결하는 수업을 하기 위해서 교사들은 끊임없이 고민합니다. 이번 수업의 아이디어도 그런 고민의 과정에서 떠올리게 되었습니다. 2022 개정 교육과정의 '인간 발달과 주도적인 삶' 영역에서 가정일과 관련된 핵심 아이디어를 다음과 같이 기술하고 있습니다.

"가정일과 생활 습관은 변화하는 일상에서 개인 및 가족의 요구와 문제를 해결해나갈 수 있게 하면서 생활방식과 진로를 스스로 개척하고 성장하기 위한 바탕이 된다."

이러한 핵심 아이디어를 수업에서 어떻게 구현할 수 있을까요? 가정생활과 가정일이라는 지식·이해 내용 요소, 가정일의 수행이라는 과정·기능 내용 요소, 가족 간 배려와 돌봄이라는 가치·태도 내용 요소를 모두 아우를 수 있는 학습 결과물이 무엇인지를 고민했고, 이런 맥락에서 '가정일 브이로그'라는 소재를 선택했습니다. 브이로그를 만들면서 디지털 소양도 함께 기를 수 있을 것 같았고요.

가정일 브이로그 만들기 수업은 14차시로 계획하여 운영했으며, 이를 통해 다음과 같은 역량을 기를 수 있습니다.

- 브이로그라는 콘텐츠 장르에 대한 이해 역량
- 브이로그 제작과 관련된 윤리의식
- 브이로그와 관련된 정보의 수집 역량
- 창의적인 브이로그의 생산 역량

가정일 브이로그 만들기 수업에 활용할 수 있는 성취기준은 다음과 같습니다.

2022 개정 교육과정 성취기준

[6실01-06] 가정일을 수행하는 과정에서 일의 가치와 중요성을 이해하고, 가정생활을 유지하는 데 필요한 가정일의 종류를 탐색한다.

[6미02-02] 디지털 매체 등 다양한 표현 재료와 용구를 탐색하여 작품 제작에 활용할 수 있다.

[6국06-03] 적합한 양식과 수용자의 반응을 고려하여 복합양식 매체 자료를 제작하고 공유한다.

가정일 브이로그 만들기 수업에서는 인공지능 기반 영상 편집·제작 도구인 캡컷(CapCut), 블로(VLLO), 비바비디오(VivaVideo) 등을 이용할 수 있습니다. 이들 플랫폼에서는 영상 효과 및 변형, 필터, 피부 보정, 이목구비 보정 등의 기능을 사용할 수 있습니다. 그리고 텍스트를 음성으로 변환해주는 TTS(Text to Speech) 기술이 적용된 AI 더빙 앱 클로바더빙(Clovadubbing)을 이용하여 브이로그에 필요한 음성을 녹음할 수 있습니다. 자신의 목소리를 기본으로 녹음하되, 성별을 바꾸거나 나이를 바꿔 음성을 출력할 수도 있습니다. 브이로그 제작에 앞서 아이작(AiSAC)의 광고 아카이브의 광고 검색 기능을 사용해 가정일과 관련된 영상들을 살펴볼 것을 추천합니다. 키워드를 입력하면 적절한 그림을 추천해주고, 순서대로 슬라이드를 만들 수 있어 자신이 구상 중인 브이로그의 흐름을 시각적으로 보여줄 때 유용합니다.*

[인공지능 챗봇 똑똑하게 사용하는 법] **추가적인 질문하기**

만약 인공지능 챗봇에게 질문했는데, 원하는 답변을 얻지 못했다면 다시 질문할 수 있다. 예를 들면 다음과 같다.
- [최초 질문] 분리배출 잘하는 방법을 알려줘.
- [추가 질문] 분리배출 잘하는 방법을 다섯 줄로 정리해서 알려줘.

• 예시
  1. [최초 질문] 방 청소를 효율적으로 하는 3가지 방법을 설명해줘.
     [추가 질문] 방금 말해준 것 이외의 다른 방법을 3가지 더 말해줘.
  2. [최초 질문] 방 청소하는 순서를 차례대로 설명해줘.
     [추가 질문] 방 청소하는 순서를 1부터 5까지 번호를 붙여 정리해줘.
  3. [최초 질문] 초등학생이 가정일 하는 내용이 담긴 이야기 만들어줘.
     [추가 질문] 방금 해준 이야기를 다섯 줄로 정리해서 알려줘.

---

*캡컷(capcut.com), 블로(vllo.io), 비바비디오(vivavideo.tv), 클로바더빙(clovadubbing.naver.com), 아이작(aisac.kobaco.co.kr).

디지털 소양을 기르는 인공지능 활용 수업 진행 과정

과정	활동 내용	차시
질문 하기	• '어떻게 하면' 질문 제시하기 - 문제 이해하기, 궁금증 해소하기	1
계획 하기	• 계획 세우기 - 활동별 시간 계획하기, 계획서 작성하기(타임 테이블)	1

탐구
하기
	• 가정일의 종류 알아보기
	  - 우리 가족 가정일 분담표 작성하기
	  - 우리 가족이 맡은 가정일 살펴보기
		1

	• 내가 할 수 있는 가정일 찾기
	  - 실천할 수 있는 가정일 찾기
	  - 가정일 실천 계획 세우기
		1

	• 영상 촬영 및 편집 방법 배우기
	  - 키네마스터 사용 방법 배우기
	  - 캡컷 사용 방법 배우기
		2

	• 가정일 브이로그 썸네일 제작하기
	  - 가정일 브이로그 썸네일 템플릿 고르기
	  - 템플릿을 변형하여 썸네일 만들기
		2

	• 가정일 브이로그 촬영 계획 세우기
	  - 가정일 브이로그 장면 생각하기
	  - 가정일 브이로그 장면 설명하기
		1

	• 가정일 브이로그 제작하기
	  - 가정일 브이로그 촬영하기
	  - 가정일 브이로그 편집하기
		1

개선 하기	• 작업 중인 가정일 브이로그를 친구에게 공유하기 • 피드백을 반영하여 브이로그 개선하기	1
공유 하기	• 완성된 가정일 브이로그 공유하기 • 가정일 브이로그 시청 후 댓글로 피드백 남기기	2

성찰
하기
	• 가정일 브이로그 만들기 수업 성찰하기
	  - 이번 수업 성찰 대화하기
	  - 다음 수업에 바라는 점 나누기
		1

[1단계] 질문하기

'어떻게 하면' 질문	우리는 영상 제작 꿈나무!! 가정일을 실천하는 내용이 담긴 가정일 브이로그를 어떻게 만들 수 있을까?

학생들과 함께 '어떻게 하면' 질문을 만들고, 동시에 수업의 결과물을 브이로그로 정했습니다. 영상 매체에 익숙한 학생들에게는 영상이 쉽고 간편하게 생각을 공유할 수 있는 수단이기 때문입니다.

어떻게 가정일을 할 것인지 계획만 세우고 실천은 개인의 선택에 맡기는 것으로는 부족합니다. 계획과 실천을 이어주는 연결고리가 없다면 교실 속 배움과 실제 삶은 쉽게 연결되지 않습니다. 브이로그라는 매개체를 이용하면 이 문제를 해결할 수 있을 것 같았습니다.

[2단계] 계획하기

계획하기 단계에서는 5일 동안 가정일 해보기 계획을 구체적으로 세워보았습니다. 브이로그 만들기 과정에 대한 계획도 필요하지만, 가정일을 어떻게 할 것인지에 대한 계획이 먼저니까요. 5일 동안 매일 다른 곳을 정리, 정돈하는 계획을 세우는 학생, 각기 다른 장소를 5분씩 정리, 정돈하여 하루 30분 동안 가정일을 하는 루틴을 만든 학생 등이 있었습니다. 계획하기 단계에서 중요한 점은 가정일을 일회성으로 실천하는 게 아니라 자신이 세운 계획에 맞춰 꾸준히 실천하는 것이 중요함을 안내해주는 것입니다.

|3단계| 탐구하기

탐구하기는 과정을 다음과 같이 세분화해서 진행했습니다. 초등학생이라는 학습자의 특성을 고려했을 때 학습 과제를 작은 단위로 나누어주는 게 학습 목표를 달성하는 데 효과적이라고 생각했기 때문입니다.

1. 가정일의 종류 알아보기
2. 내가 할 수 있는 가정일 찾기
3. 영상 촬영 및 편집 방법 배우기
4. 가정일 브이로그 썸네일 제작하기
5. 가정일 브이로그 촬영 계획 세우기
6. 가정일 브이로그 제작하기

탐구하기 과정에서 학생들이 가장 흥미를 느꼈던 부분은 썸네일 만들기였습니다. 브이로그라는 영상물을 만들기 전, 미술 교과 시간을 활용하여 썸네일을 만들어봤는데 결과는 대성공이었죠.

썸네일을 만든 다음에는 가정일 브이로그 촬영 계획을 세웠습니다. 일종의 스토리보드를 만들어보는 활동이죠. 다음과 같은 활동지를 작성하면서 가정일 브이로그의 각 장면을 간략하게 스케치하고 설명을 덧붙이는 방식으로 촬영 계획을 세웠습니다. 또한 영상을 어떻게 찍을지, 어떤 구도로 찍을지, 어떤 설명을 넣을지 등을 계획했습니다.

브이로그를 포함한 영상 제작 수업을 할 경우, 간단한 형식으로라도 장면 스케치를 할 수 있는 기회를 주는 게 필요합니다.

가정일 브이로그를 어떻게 찍을 계획인가요?
(장면당 영상 분량은 1분 이내가 기본, 1분 넘는 건 자유)

순서	장면	설명	촬영 장소, 준비물 등
1		(필수) 이 가정일을 하려고 하는 이유	
2		(필수) 내가 할 수 있는 가정일	
3		(필수) 가정일 하는 모습	
4		(선택) 가정일과 관련하여 자유롭게 더 보여주고 싶은 것	
5		(필수) 가정일을 해본 소감	

[4단계] 개선하기

개인별로 제작 중인 가정일 브이로그를 모둠 구성원들에게 중간 발표하는 시간을 갖습니다. 브이로그 영상물을 완성하기 전, 개선할 점을 찾기 위한 과정입니다. 영상 제작을 직접 해봤거나 지도해본 경험이 있는 분들은 아실 겁니다. 제작 완료한 영상을 업로드한 다음에 수정하려면 일이 매우 복잡해진다는 것을요. 그래서 중간 발표 시간을 갖고 타인의 피드백을 받아 수정해야 합니다. 유명 유튜버들도 영상을 업로드하기 전에 가족들에게 한번 보여준다고 하죠? 비슷한 맥락입니다.

개선하기 단계에서는 영상 검토 사항 몇 가지를 제시해주는 게 좋습니다. 그러면 보완이 필요한 부분을 쉽게 찾아낼 수 있습니다.

영상 검토 사항

1. 전달하고자 했던 내용이 잘 담겨 있나요?
2. 매일 가정일을 실천하는 모습이 담겨 있나요?
3. 가정일 브이로그의 필수 요소 중 빠뜨린 건 없나요?
4. 영상이 흔들리지 않았나요?
5. 소리가 잘 들리나요?
6. 배경 음악을 넣었나요?
7. 영상에 자막이 있나요?

[5단계] 공유하기

가정일 브이로그 만들기 수업을 진행하면서 공유하기 단계를 어떻게 진행

해야 할지 많이 고민되었습니다. 학생들이 만든 영상을 모두 보기에는 시간이 부족하고, 모둠별로 보기에는 몰입도가 부족해서 결과물 공유 방식을 결정하는 게 쉽지 않았습니다. 결국 학생들과 협의하여 전체 학생의 브이로그를 상영하는 것으로 결정했습니다. 학급의 모든 학생이 영상을 함께 보는 방식이 확실히 몰입감이 있으니까요.

[6단계] 성찰하기

'배움의 공동체' 철학의 창시자이자 『배움으로부터 도주하는 아이들』의 저자 사토 마나부는 공부와 배움의 차이를 다음과 같이 설명합니다.

"공부가 누구와의 만남 없이 혼자 하는 행위인 것에 비해 배움은 누군가와, 무언가와 만나서 함께 하는 행위다. '배움'이란 사물, 사람, 사항과 만나는 행위이자 타인의 생각과 감정을 만나는 행위이자 자기 자신과 만나는 행위다. 이 만남은 대화를 통해 이루어진다."

사토 마나부에 따르면 가정일 브이로그를 만드는 과정은 '공부'가 아닙니다. 매 순간 타인과 상호작용하는 '배움'이죠. 학생들은 브이로그를 만들고 개선하고 공유하는 과정에서 끊임없이 다른 사람과 만났습니다. 그리고 대화를 나눴죠.

이번 수업을 마치면서 학생이 쓴 성찰일기 한 편을 발췌하여 소개합니다.

> 내가 만든 가정일 브이로그에 내가 주고 싶은 점수는 10점 만점에 9.8점이다. 5일간의 영상이 다 맘에 들긴 했지만, 네 번째 날이 짧았던 건 조금 아쉽다. 가정일 브이로그를 찍는데 우리 엄마가 이렇게 말씀하셨다.
> "너희 선생님께서 이런 수업을 하셔서 엄마가 이제 좀 살 것 같다." (엄마는 살 것 같다고 하셨지만, 나는 살짝 죽을 것 같았다.)
> 그리고 아빠가 "○○아, 매일 가정일 브이로그 찍어보는 게 어때?"라고 말씀하셨을 때는 아주 황당했다.
> 이번 수업에서 직접 가정일을 해보는 영상을 찍고, 편집해보는 게 너무 재밌었다. 또 친구들의 영상을 보는 시간도 매우 좋았다.

영상 제작 도구 '캡컷(CapCut)' 사용법

1. [새 프로젝트]를 클릭해 촬영한 동영상을 첨부한다.

2. [오디오]-[사운드]를 클릭해 배경음악을 넣는다.

3. [텍스트]-[텍스트 추가]를 클릭해 자막 및 영상 이해를 돕는 텍스트를 넣는다.

4. [스티커]를 클릭해 영상에 어울리는 스티커를 넣는다.

5. [편집효과]-[동영상 효과]를 눌러 특수효과를 넣는다.

6. [스티커]를 눌러 영상에 어울리는 필터를 씌운다.

공부 브이로그 만들기

일상의 자연스러운 모습을 담는 브이로그라는 분야에서 다소 인위적인 느낌을 주는 주제가 있습니다. 공부 브이로그라는 주제인데요. '공부 브이로그'를 검색해보면 의대생 공부 브이로그, 로스쿨 학생 공부 브이로그, 예비 고등학생 공부 브이로그, 중3 스터디 브이로그, 재수생 공부 브이로그, 예비 중1 공부 브이로그 같은 것들을 연관 검색어로 확인해볼 수 있습니다.

혼자서 공부하는 모습을 불특정 다수에게 공개한다는 생각이 놀랍지 않나요? 자칫 고독해지기 쉬운 공부의 과정을 공유하는 것, 이것만으로도 새로운 동기부여가 되지 않을까요? 자기주도적으로 공부하는 습관을 기르는 데 브이로그라는 영상 매체가 도움을 줄 수 있습니다.

공부 브이로그를 만들어보는 수업은 6차시로 운영되었으며, 이를 통해 다음과 같은 역량을 기를 수 있습니다.

- 브이로그라는 콘텐츠 장르에 대한 이해 역량

- 브이로그 제작과 관련된 윤리의식
- 브이로그와 관련된 정보의 수집 역량
- 창의적인 브이로그의 생산 역량

공부 브이로그 만들기 수업에 활용할 수 있는 성취기준은 다음과 같습니다.

2022 개정 교육과정 성취기준

[6미02-02] 디지털 매체 등 다양한 표현 재료와 용구를 탐색하여 작품 제작에 활용할 수 있다.
[4도01-03] 성실한 생활의 모범 사례를 탐색하고 시간 관리를 위한 생활을 계획하여 지속적인 자기 성장을 모색한다.
[6도01-01] 자주적인 삶에 대한 이해를 바탕으로 자신의 생활계획을 세우고 실천하여 주체적인 삶의 태도를 기른다.
[6도01-02] 생활 습관에 대한 성찰을 통해 자기 생활을 점검하고 올바른 계획을 세워 이를 실천한다.

공부 브이로그 만들기 수업에서는 인공지능 기반 여행 브이로그 앱 비브(ViiV)를 이용할 수 있습니다. 브이로그 전용 앱의 경우, 인공지능이 짧은 영상들을 편집하여 브이로그처럼 만들어주는 기능이 있어서 브이로그 제작 경험이 없거나 제작이 서툰 학생들도 어렵지 않게 브이로그를 만들 수 있습니다. 그리고 인공지능 음성 인식 기술이 적용된 영상 편집 프로그램 브루(Vrew)로 자막을 넣을 수 있습니다. 또한 아이작(AiSAC)을 이용하여 공부 브이로그와 관련된 광고 영상들을 찾아보는 것도 좋습니다.*

[인공지능 챗봇 똑똑하게 사용하는 법] 인공지능 챗봇의 응답을 평가하기
인공지능 챗봇의 응답에 대한 만족도를 평가하면서 추가적인 질문을 할 수 있다. 만족스러운 답변이었는지, 부족한 부분이 있었는지 등에 대한 피드백을 인공지능 챗봇에게 해보자. 나의 피드백을 통해서도 인공지능은 계속해서 학습하고 발전한다. 예를 들면 다음과 같이 평가를 하고 추가 질문을 한다.
- 좋은 방법들을 이야기해줘서 고마워. 방금 이야기해준 방법이 아닌 다른 방법이 있을까?
- 좋은 생각이지만, 내가 찾던 내용이나 분위기는 아니야. 다른 형식의 시나리오를 써줄래?

- 예시
  1. 브이로그를 잘 찍는 방법을 설명해줘서 고마워. 그런데 초등학생인 나에게는 조금 어려워. 더 쉽게 설명해줄 수 있을까?
  2. 방금 설명해준 이유도 좋은데, 다른 이유를 5가지 정도 더 말해줄 수 있을까?
  3. 네가 추천해준 문장들은 너무 어려워. 초등학생들이 이해할 수 있게 조금 더 쉬운 문장을 알려줘.

|1단계| 공부 브이로그 주제 떠올리기

학습 전문가들에게 어떤 학생이 공부를 잘 할 수 있는지를 물으면 하나같이 이렇게 대답합니다.
"자기주도성이 있는 학생들이 공부를 잘 할 수 있습니다."
그렇다면 자기주도성이란 타고나는 것일까요? 길러지는 것일까요? 설

비브(viiv.app), 브루(vrew.voyagerx.com/ko), 아이작(aisac.kobaco.co.kr).

령 타고난다고 하더라도 기르는 방법을 모색해봐야 하지 않을까요? 후천적인 노력을 통해 자기주도성을 기를 수 있다면 그 방법을 찾아 실천해야 합니다. 공부 브이로그는 자기주도적으로 공부하는 데 효과적인 방법입니다.

유튜브에서 공부 브이로그를 보면 주인공의 얼굴은 보이지 않고 책, 필기구, 손만 나옵니다. 가끔 타이머나 스톱워치가 나올 때도 있고요. 유튜버는 계속 공부만 합니다. 형광펜으로 밑줄을 긋고 연필로 무언가를 쓰는 모습만 보입니다. 이게 끝입니다. 하지만 공부 브이로그를 만드는 사람은 이 영상을 만들기 위해 스스로 공부 계획을 세우고, 계획에 맞춰 공부합니다. 공부 브이로그가 공부할 구실이 되어주는 셈이죠. 실제로 취미로, 재미로 공부 브이로그를 찍어 올리는 초등학생들도 많습니다.

공부 브이로그의 주제를 떠올리기 어려워한다면 이미 만들어진 영상을 참고할 기회를 주어도 좋습니다.

공부 브이로그 주제 (예시)
- 예비 중1의 수학 공부 브이로그
- 초6의 하루 10분 공부 브이로그

[2단계] 공부 장소, 시간, 촬영 구도 떠올리기

공부 브이로그 촬영에서는 공부가 목적이 되어야지 공부 브이로그가 목적이 되어서는 안 됩니다. 주객이 전도되는 걸 막기 위해 공부의 목적을 분명히 하고 어떻게 공부할 것인지를 구체적으로 계획해야 합니다. 그렇지 않으면 '공부하는 척'만 촬영될 테니까요. 학생들과 함께 다음과 같은 질문을 하고 답해보는 게 좋습니다.

공부 브이로그 제작 계획 세우기

- 왜 공부하나요? (목적, 목표)
- 어디서 공부할 것인가요? (장소)
- 어떤 과목을 공부할 것인가요? (세부 주제)
- 얼마만큼 공부할 것인가요? (시간)
- 하루에 얼마만큼 공부할 것인가요? (분량)
- 공부하는 모습을 어떻게 촬영할 것인가요? (촬영 구도)

|3단계| 자기주도적으로 공부하기

학생들은 공부 브이로그 속 주인공이면서 영상을 기획하고 제작하는 감독입니다. 주연 배우도 내가 하고, 기획도 내가 하고, 제작도 내가 하는 공부 브이로그! 책임감을 갖지 않을 수 없겠죠? 책임감을 느끼며 브이로그를 만드는 학생들은 자기주도적으로 공부하게 됩니다. 자신을 둘러싼 환경을 조성하고, 공부에 몰입하기 위한 행동을 하려 노력합니다. 또 내가 공부하는 모습을 누군가에게 보여준다는 생각 때문에 자연스럽게 학습 동기도 유발되죠.

물론 공부하는 모습이 스마트폰이나 태블릿 화면 속에 잘 담겨야겠죠? 공부에 몰입한 시간을 보여줄 수 있도록 타이머나 스톱워치를 켜고 공부하는 것도 스스로 시간을 관리하는 나의 모습을 보여줄 수 있다는 걸 설명해주세요. 더불어 촬영 구도를 생각하며 공부해야 한다는 것도 꼭 일러주세요.

[4단계] 공부 브이로그 만들기

공부 브이로그에 고정된 형식은 존재하지 않지만 대다수 유튜버가 따르고 있는 일정한 흐름은 있습니다. 공부하는 영상 앞에 음성으로 자신이 하고 싶은 이야기를 덮어 간단한 자기소개를 하는 것입니다. 영상과 말하고자 하는 내용이 어울리지 않아도 괜찮습니다. 다만, 시청자들의 이해를 돕기 위해 음성에 맞춰 자막은 입혀주는 게 좋습니다.

공부 브이로그를 만들 때 어떻게 시작해야 할지 막막해하는 학생들이 있다면 다음과 같은 시나리오를 제공해주는 것도 좋은 방법이 될 수 있습니다.

> **공부 브이로그 시나리오**
> 안녕하세요. 제 이름은 ○○이에요.
> 지금부터 보실 영상은 저의 공부 브이로그입니다.
> 지금 보이는 곳은 제가 공부하는 (　　　)인데요.
> 저는 이곳에서 (　　) 과목을 (　　) 분/시간 동안 공부할 계획이에요.
> 저는 평소 이곳에서 (　　　)을 해요.
> 그런데 공부 브이로그를 촬영하는 동안 (　　　)을 해보려고 해요.

공부 브이로그를 만들 때는 화려한 편집 기술이 필요하지 않습니다. 고품질의 영상이 있어야 하는 것도 아니고요. 다소 서툴게 보이더라도 진솔한 이야기와 화면, 나만의 독창적인 생각이 담긴 브이로그가 사람들의 공감을 끌어낼 수 있습니다. 그러므로 공부 브이로그를 만들 때는 나만의 소소한 이야기를 담을 수 있도록 지도합니다.

공부하는 모습만 담으면 다소 심심한 느낌이 든다고 말하는 학생들이 있습니다. 이 경우, 공부 브이로그 속에 내용을 추가하는 게 대안이 될 수 있습니다. 다음 내용을 참고하여 학생들이 공부 브이로그 속에 넣을 만한 내용을 선택하게 도와주세요.

심화 수준의 공부 브이로그 만들기

- 나의 공부 방법 설명하기
- 공부한 내용 중 중요하거나 어려웠던 내용 설명하기
- 공부 목표를 달성한 소감 말하기
- 공부 계획 설명하기
- 공부를 도와주는 물건, 방법 소개하기
- 공부를 방해하는 물건, 생각 소개하기

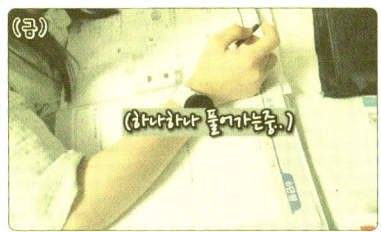
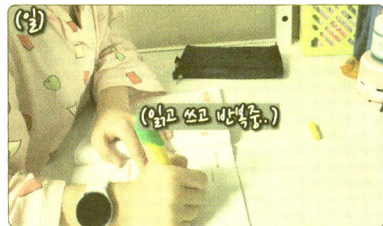

[5단계] 공부 브이로그 공유하기

공부 브이로그를 공유하는 가장 좋은 방법은 학생들 각자가 유튜브 채널을 운영하는 것입니다. 유튜브라는 플랫폼에 영상을 업로드하는 것은 수많은 사람들에게 나의 콘텐츠를 공유하는 것이니까요.

하지만 현실적으로 학생들 모두가 채널을 운영한다는 건 쉽지 않은 일입니다. 완성된 브이로그 영상은 학급에서 다루기 쉬운 방법으로 공유하는 게 좋습니다. 다만, 공유 대상 속에 학부모가 꼭 들어가도록 해야 합니다. 학생들은 부모의 인정을 받고 싶어 합니다. 내가 공들여 만든 공부 브이로그 영상을 부모님이 보고 격려해준다면 저절로 공부하고 싶은 마음이 들지 않을까요?

[6단계] 성찰하기

완성된 공부 브이로그를 감상한 학생들은 입을 모아 이렇게 말했습니다.

"뭔가 뿌듯해요."

"이렇게 혼자서 꾸준하게 공부한다면 학원은 안 가도 될 것 같아요."라거나 "제가 이렇게 오랫동안 공부할 수 있는지 몰랐어요."라고 말하는 학생들도 있었습니다.

공부 브이로그 만들기는 디지털 소양을 기르는 데서 더 나아가 나에게 맞는 공부 방법을 찾아가는 도전입니다. 공부 브이로그로 혼자 공부하는 것에 흥미를 느끼는 학생이 한 명이라도 생긴다면 그것만으로 성공한 수업 아닐까요?

한 그릇 음식 브이로그 만들기

　한 그릇 음식 브이로그 만들기 수업은 2022 개정 교육과정 실과의 '식재료의 생산과 선택', '음식을 마련하는 과정 체험하기', '함께하는 식사의 즐거움'이라는 내용 요소를 다루기에 적당한 수업입니다. 학생들이 한 그릇 음식의 조리 과정을 영상으로 남기고, 조리법을 공유한다면 흥미롭게 성취기준을 달성할 수 있지 않을까요?

　한 그릇 음식 브이로그 만들기 수업은 10차시로 운영되었으며, 이를 통해 다음과 같은 역량을 기를 수 있습니다.

- 브이로그라는 콘텐츠 장르에 대한 이해 역량
- 브이로그 제작과 관련된 윤리의식
- 브이로그와 관련된 정보의 수집 역량
- 창의적인 브이로그의 생산 역량

한 그릇 음식 브이로그 만들기 수업에 활용할 수 있는 성취기준은 다음과 같습니다.

2022 개정 교육과정 성취기준

[6실02-04] 식재료 생산과 선택의 중요성을 인식하고 여러 식재료의 고유하고 다양한 맛을 경험하여 자신의 식사에 적용한다.
[6실02-05] 음식의 조리과정을 체험하여 자기 간식이나 식사를 스스로 마련하는 식생활을 실천한다.
[6미02-02] 디지털 매체 등 다양한 표현 재료와 용구를 탐색하여 작품 제작에 활용할 수 있다.

한 그릇 음식 브이로그 만들기 수업에서는 먼저, 카카오톡에서 만든 인공지능 챗봇 AskUp(아숙업)을 사용하여 만들고자 하는 음식의 조리 방법을 알아볼 수 있습니다. 아숙업의 응답을 활용하여 식재료, 조리 과정, 맛에 대한 설명 자막의 스크립트를 작성할 수도 있습니다. 그 밖에 이 수업에 활용할 수 있는 AI · 디지털 도구는 아이작(AiSAC), 브루(Vrew), 달리2(DALL·E 2) 등이 있습니다. 아이작은 브이로그 제작 전 스토리보드를 만들 때 유용합니다. 영상 편집 프로그램인 브루는 인공지능 음성 인식 기술로 자막을 자동으로 달아주기 때문에 브이로그 제작 시간을 줄여줄 수 있습니다. 이미지 생성 도구인 달리2를 이용하면 브이로그 제작에 필요한 이미지를 쉽게 만들 수 있습니다.*

---

* AskUp(pf.kakao.com/_BhxkWxj), 아이작(aisac.kobaco.co.kr), 브루(vrew.voyagerx.com/ko), 달리(openai.com/product/dall-e-2).

[인공지능 챗봇 똑똑하게 사용하는 법] 사람과 대화하듯이 질문하기

인공지능 챗봇은 대화하는 맥락을 기억한다. 그래서 마치 사람과 대화하듯이 앞선 질문에 대한 답을 주고받으며 대화를 할 수 있다. 또한 앞선 질문보다 더 심화된 질문을 하여 다양하고 풍부한 답변을 얻을 수 있다. 예를 들면 다음과 같다.
- 조금 전에 설명했던 요리 과정에 따라 김밥을 만드는 방법을 설명해줘.

- 예시
  1. 방금 설명해준 볶음밥처럼 간단하게 만들어 먹는, 쌀을 이용한 한 그릇 음식을 소개해줘.
  2. 네가 말해준 재료들을 이용하여 만들 수 있는 음식을 3가지 알려줘.
  3. 방금 설명해준 하루 일과 브이로그처럼 요리 브이로그를 찍는 순서를 설명해줘.

[1단계] 만들고자 하는 음식 떠올리기

2015 개정 교육과정 실과에서는 '밥을 이용한 한 그릇 음식'으로 음식의 종류를 한정했는데, 2022 개정 교육과정에서는 '음식'으로 그 범위를 열어주었습니다. 점차 쌀을 먹지 않는 식생활 분위기를 반영한 게 아닐까 싶지만, 여하튼 밥을 이용한 음식을 떠올리면 김밥, 주먹밥, 비빔밥, 쌈밥과 같은 음식들이 쉽게 생각납니다.

학생들은 다음과 같은 한 그릇 음식을 떠올렸습니다.

- 볶음밥 종류: 김치볶음밥, 참치볶음밥, 컵라면 볶음밥, 오므라이스
- 주먹밥 종류: 참치 마요 주먹밥
- 덮밥 종류: 스팸 마요 덮밥, 제육 덮밥, 카레덮밥

세상에 존재하는 한 그릇 음식의 종류는 수없이 많지만, 초등학생 수준에서 어렵지 않게 조리할 수 있는 음식을 선택하는 게 좋습니다.

[2단계] 조리 방법 계획하기

음식 선정이 끝났다면 다음 단계는 조리 방법을 익히는 것입니다. 대부분의 실과 교과서에서 음식의 조리 과정을 안내하고 있습니다. 어떤 내용을 확실하게 내 것으로 만드는 방법은 나의 언어, 내가 생각하는 이미지로 그 내용을 정리해보는 것이겠지요. 그래서 한 그릇 음식 만드는 과정을 간략한 글과 그림으로 표현해보았습니다.

[3단계] 조리 시 주의할 점 생각하기

교실에서 음식을 조리하지 않더라도 안전과 위생을 위해 주의 사항을 짚고 넘어갈 필요가 있습니다. 특히, 음식 조리하기의 경우에는 조리 도구 및 가

열 도구 사용 시 안전에 유의해야 합니다. 또한 음식의 기본은 위생입니다. 건강을 위해 위생적인 부분도 빠뜨리지 않고 다뤄야 합니다.

   조리 시 주의할 점은 학생 개개인이 직접 써보는 게 가장 일반적입니다. 게이미피케이션을 활용해 학생들이 OX 퀴즈를 만들어서 서로 묻고 답하는 방식으로 학습해도 효과적입니다.

[4단계] 브이로그 촬영 계획 세우기

이번 수업의 결과물은 한 그릇 음식이 아니라, 한 그릇 음식을 조리하는 과정이 담긴 브이로그입니다. 한 그릇 음식을 만드는 과제와 브이로그를 만드는 과제가 섞여 있는 것이죠. 그러므로 학생들이 실제로 음식을 만들기 전에 음식 조리 영상을 충분히 볼 필요가 있습니다. 음식 조리 순서를 알고 있어야 그 흐름에 맞춰 영상을 찍거나 편집할 수 있기 때문입니다. 브이로그 촬

'한 그릇 음식' 브이로그 제작을 위해 참고한 영상

내용 \ 영상	영상1	영상2	영상3
영상의 제목은 무엇인가요?			
영양분의 균형이 맞는 음식인가요?			
조리 과정을 설명할 때 어떤 점이 좋았나요?			
위생적으로 조리했나요?			

영 계획을 세우기 전에 참고 영상을 3편 정도 보는 걸 추천합니다.

잘 만들어진 음식 조리 영상은 다음 순서로 구성되어 있습니다. 학생들이 만들 브이로그 영상도 이런 흐름에 맞춰 구성하는 게 좋습니다.

음식 소개 → 재료 소개 → 조리 방법 → 취식. 이런 4단계의 흐름에 뒷정리와 소감 단계를 더해서 촬영 계획서를 작성했습니다.

내용 순서	브이로그에 포함할 내용	장면 스케치	촬영 구도 및 고려 사항
1	내가 만들게 될 한 그릇 음식 소개 (예) 참치김치볶음밥		음식 완성 후, 촬영하기
2	한 그릇 음식에 들어가는 재료 소개 (예) 참치, 김치, 햄, 밥, 올리브유 등		도마 위에서 촬영하기
3	조리 방법 소개 (예) 프라이팬에 올리브유를 두르고 참치와 김치를 볶은 다음, 밥을 넣고 함께 볶는다.		프라이팬 위에서 촬영하기
4	완성된 한 그릇 음식을 먹는 영상 (예) 만들어진 한 그릇 음식을 혼자 먹는다.		정면에서 촬영하기
5	뒷정리하는 영상 (예) 조리 도구, 그릇 등을 정리한다.		싱크대에서 촬영하기
6	한 그릇 음식을 만들어본 소감 말하는 부분 (예) 음식을 만들어본 소감을 말한다.		정면에서 촬영하기

[5단계] 음식 만들며 촬영하기

촬영 계획이 세워졌다면 다음 단계는 음식을 만들며 촬영을 하는 것입니다.

되도록이면 오롯이 학생에게 맡기는 게 좋습니다. 다만, 음식 만들기 과정에서 학부모님께 수업 내용을 알리고 도움을 요청할 수 있습니다.

학생들이 브이로그를 포함한 영상을 만들어본 경험이 있다면 크게 걱정하지 않으셔도 됩니다. 교사들이 생각하는 것보다 학생들이 지닌 역량이 훌륭하기 때문입니다. 그렇지만 학생들이 영상을 제작해본 경험이 없다면 촬영 구도, 촬영 시 손 떨림, 음향, 자막 등 영상 제작의 기본기를 촬영 전에 설명해주는 것이 좋습니다. 더불어 촬영 계획을 세

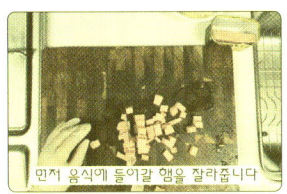

울 때 안내했던 6가지 순서에 맞춰 영상을 촬영할 것을 강조할 필요가 있습니다. 미리 세웠던 계획을 잊어버리고 즉흥적으로 촬영하는 학생들이 있기 때문입니다.

|6단계| 브이로그 발표회

만들며 배우는 수업에서 결코 빠뜨려서는 안 되는 게 결과물 공유 단계입니다. 만들었다면 공유해야 합니다. 공들여 만든 나의 결과물을 봐주는 사람이 없다면, 김빠지겠죠? 그러므로 교사와 친구들이 열렬한 구독자가 되어줘야 합니다.

물론 학급 전체 학생의 영상을 보다 보면 자칫 지루해질 수 있습니다. 이를 방지하기 위해 다음과 같은 발표회 운영 아이디어를 사용해 중간중간 분위기를 환기하는 과정이 필요합니다.

브이로그 발표회 운영 아이디어

- 디지털 룰렛으로 발표 순서 정하기
- 다음 발표자 호명하기
- 방금 전 영상과 관련된 퀴즈 내기
- 다음에 나올 내용 예상하기

[7단계] 성찰하기

한 그릇 음식 브이로그 만들기 수업을 마치고 학생들은 이야기를 나누며 성찰의 시간을 가졌습니다. 그 내용을 일부 소개하자면 다음과 같습니다.

- "이젠 부모님께서 밥을 준비해주시지 않아도 괜찮아. 내가 혼자서 요리해 먹을 수 있으니까."
- "나중에 마케팅 회사나 광고 회사에 들어가면 이런 일들을 하지 않을까?"
- "요리가 재밌었어. 평소에 요리하는 걸 좋아했는데, 이 내용으로 수업을 하게 되어 좋았어."
- "앞으로 부모님을 많이 도와드려야겠다고 생각했어."

브이로그 만들기 Tip 5

Tip 1. 브이로그의 의미 알려주기
브이로그(VLOG)는 '비디오(Video)'와 '블로그(Blog)'의 합성어입니다. 즉, 브이로그는 자신의 일상을 영상으로 만들어내는 것입니다. 여행, 공부, 운동, 먹방 브이로그처럼 내가 보여주고 싶은 일상이라면 뭐든지 주제가 될 수 있습니다. 그러므로 브이로그를 만들기 전에 학생들이 다른 사람들에게 공유하고 싶은 주제가 무엇인지 생각해보는 시간이 필요합니다. 주제가 결정된 다음에는 그 내용을 효과적으로 영상 속에 담는 방법에 대한 고민이 필요하고요.

Tip 2. 브이로그 영상 제작의 기본기 알려주기
브이로그 만들기는 영상 제작 활동의 하나입니다. 그런 점에서 영상 제작에 필요한 배경지식과 함께 브이로그라는 장르가 가지는 특수성도 이해해야 할 필요가 있습니다. 브이로그 제작에 앞서 브이로그를 보며 다음 질문을 해보세요. 브이로그에 들어가야 하는 요소와 잘 만들어진 브이로그의 특성을 자연스럽게 알게 될 거예요.

1. 제목과 관련된 주인공의 일상이 잘 담겨 있나요?
2. 영상이 흔들리지 않았나요?
3. 브이로그의 촬영 구도를 설명해볼까요?
4. 카메라는 어떻게 고정해서 찍은 걸까요?
5. 주인공의 목소리가 잘 들리나요?
6. 배경음악은 잘 어울리나요?
7. 영상 내용을 이해하기 쉽나요?
8. 영상에 자막이 있나요?

Tip 3. 다양한 브이로그를 찾아볼 기회 주기
보는 것과 직접 만드는 건 전혀 다른 일입니다. 대충 찍은 것처럼 보이는 브이로그들도 실제 주인공들이 구도, 내용, 흐름 등을 여러 차례 고민하며 만든 결과물입니다. 브이로그 영상을 촬영하기 전에 다양한 브이로그를 찾아서 보는 기회를 주세요. 참고 영상을 본 학생과 그렇지 않은 학생이 만들어낸 결과물의 차이는 매우 큽니다.

Tip 4. 브이로그 영상 편집 과정에서 피드백 받기
내가 보기에 고칠 부분이 없는 최고의 영상이라 하더라도 부족한 부분은 있습니다. 그러므로 영상을 편집하는 과정에서 적어도 세 사람에게 검토를 요청하고 피드백을 받아서 수정할 기회를 주세요.

Tip 5. 영상 공유 및 전송 방법 알려주기
영상 편집 애플리케이션에서 브이로그를 완성한 뒤, 교사에게 브이로그 영상을 보내게 됩니다. 그런데 브이로그 영상의 분량이 많거나 효과가 많이 포함되어 있을 경우, 애플리케이션에서 전송되지 않을 때도 있습니다. 이때는 브이로그 영상 파일을 이메일로 보내야 합니다. 그런데 대용량 파일의 전송 방법은 조금 다릅니다. 네이버 이메일을 기준으로 다음의 과정을 거치면 대용량의 브이로그 영상도 문제없이 보낼 수 있습니다.

1. 네이버 메일에서 'PC 버전으로 보기'를 선택합니다. 학생들이 사용하는 도구가 대부분 태블릿PC이다 보니 PC 버전과는 다른 화면으로 구성되어 있습니다.
2. 대용량 파일 첨부하기를 선택합니다.

이 2가지 과정을 거치면 다음과 같은 내용이 나타납니다.

```
[대용량 첨부파일]
> lv_0_20220413094335.mp4 (409MB)
- 다운로드 기간 : 2022/04/13 ~ 2022/05/13
- 다운로드 URL : https://bigfile.mail.naver.com/download?
fid=2ZeXWr3C1HKwHX0Z+6piHabmKAg9aAUiKoqZKogdKxKwKAgmKqMiKxM9Kqf9KqvIa3evKqvwbx+vM4KmpAvmFo2wF4UwKxUwo6bvKzMwKoiCag==

이 메일은 텍스트 모드로 작성되었으므로 대용량 첨부파일이 위와 같은 링크 정보로 전달되었습니다.
인터넷 주소창에 주소정보를 복사하여 붙이면 대용량 첨부파일을 다운로드 받으실 수 있습니다.
대용량 첨부파일은 표시된 다운로드 기간에만 다운로드 가능하며, 보낸사람과 받는사람을 모두 합하여 100회까지 다운로드 가능합니다.
```

PART 6

인공지능 활용 수업
_영상 편

우리 학교 문제 해결 영상 만들기

 우리 생활 주변에서 일어나는 문제를 해결하는 것, 학생들의 삶과 관련된 수업에서 빠지지 않고 등장하는 소재입니다. 그렇다면 학생들의 생활 주변은 어디를 말하는 것일까요? 아무래도 학생들이 학교에서 일어나는 문제점을 찾고, 이를 해결할 방법을 찾아보는 게 가장 관련성 있는 접근법이 아닐까 싶습니다. 우리 학교 문제 해결 영상 만들기는 이런 생각으로 시작되었습니다. 이 수업은 2022 개정 교육과정 사회과와 연계하여 지도하는 것도 좋습니다. 사회과 내용 요소 중 3, 4학년의 '학교 자치의 사례', '민주주의 실천', '학교 자치에의 참여'를 다룰 때 우리 학교의 문제를 다뤄보는 겁니다.

 우리 학교 문제 해결 영상 만들기 수업은 7차시로 운영되었으며, 이를 통해 다음과 같은 역량을 기를 수 있습니다.

- 디지털 지식과 기술에 대한 이해 역량
- 우리 학교의 문제에 관한 정보 수집 및 분석 역량

- 우리 학교 문제를 담은 영상 생산 역량

우리 학교 문제 해결 영상 만들기 수업에 활용할 수 있는 성취기준은 다음과 같습니다.

2022 개정 교육과정 성취기준

[4사08-01] 학교 자치 사례를 통하여 민주주의의 의미를 이해하고, 학교생활에서 민주주의를 실천하는 능력을 기른다.
[4사08-02] 지역에서 이루어지는 민주주의 사례를 통해 주민 자치와 주민 참여의 중요성을 파악하고, 지역사회의 문제 해결에 참여하는 태도를 기른다.
[4사09-01] 생활 주변에서 찾을 수 있는 여러 가지 문제를 파악하고, 그 문제를 합리적으로 해결하는 능력을 기른다.
[6사08-03] 민주주의에서 미디어의 의미와 역할을 이해하고, 여러 가지 미디어의 내용을 비판적으로 분석하여 올바르게 이용하는 태도를 기른다.

우리 학교 문제 해결 영상 만들기 수업에서는 캡컷(CapCut), 블로(VLLO), 비바비디오(VivaVideo) 등의 영상 편집·제작 앱을 사용할 수 있습니다. 인공지능 기술을 이용해 가상의 캐릭터를 생성하여 영상을 만들 수도 있습니다. 사용자가 입력한 프롬프트의 내용을 가상의 캐릭터가 읽어주는 D-ID, 타입캐스트(typecast), 플루닛스튜디오이라는 소프트웨어가 유용합니다. 학생들은 가상의 캐릭터(아바타)를 통해 전하고자 하는 메시지를 전달하지요. D-ID보다 다양한 한국인 음성이 필요할 경우에는 텍스트를 음성으로 변환해주는 더빙 앱 클로바더빙(Clovadubbing)을 사용하면 됩니다. 그 외에 우리 학교의 문제 해결 전후를 비교하기 위해 사진에서 특정한 부분을 삭제하는 매직 이레이저(Magic Eraser)와 같은 플랫폼을 활용하는 방법도 추천합니다.*

> [인공지능 챗봇 똑똑하게 사용하는 법] **인공지능 챗봇에게 역할 주기**
>
> 구체적인 답변을 얻고 싶다면 인공지능 챗봇에게 역할을 줄 수 있다. 그러면 인공지능 챗봇이 역할에 맞춰서, 예컨대 통계학자, 의사, 기자처럼 답변해주기 때문이다. 예를 들면 다음과 같다.
> - 우리가 좋아하는 음식을 급식 시간에 먹을 수 있는지를 물어볼 거야. 그런데 그 대답은 엄격한 교장 선생님처럼 해줘.
> - 우리 학교 교장 선생님처럼 대답해줘. 우리 학교 교장 선생님은 우리의 의견을 존중해주시는 분이야. 지금부터 내가 학교의 문제라고 생각하는 것을 몇 가지 적어볼게. 너는 교장 선생님처럼 대답해줘.
>
> - 예시
>   1. 네가 교장 선생님이라고 생각해봐. 그다음 초등학교에서 주로 일어나는 문제나 안전사고 등에 대해 교장 선생님이 학생들에게 하고 싶은 말을 써줘.
>   2. 우리 학교의 문제에 대해 친구들을 인터뷰할 때 사용할 수 있는 질문을 10개 알려줘. 기자가 말하는 것처럼 써줘.

[1단계] 선생님을 도와줘!

학생들이 우리 학교에 어떤 문제가 있는지 찾아보고 그 문제를 해결하는 방

---

*캡컷(capcut.com), 블로(vllo.io), 비바비디오(vivavideo.tv), D-ID(d-id.com), 타입캐스트(typecast.ai/kr), 플루닛스튜디오(studio.ploonet.com), 클로바더빙(clovadubbing.naver.com), 매직 이레이저(magicstudio.com/magiceraser).

안을 떠올리는 것. 상상만으로도 마음이 훈훈해집니다. 하지만 현실은 그렇지 않습니다. 막상 이 주제로 수업을 운영하게 되면 다음과 같은 문제를 마주하게 됩니다.

첫째, 학생들이 우리 학교의 문제점을 떠올리는 것을 어려워합니다. 수업을 할 때 가장 많이 나오는 이야기가 "선생님, 문제가 없으면 어떡해요?"입니다. 사실 이건 선생님들도 공감하실 것 같네요. 어느 날 교장 선생님이 "선생님, 우리 학교의 문제가 뭔가요?"라고 묻는다면 어떻게 대답하실 건가요? 아이들의 마음도 선생님들의 마음과 다르지 않습니다. 문제가 있는 것 같긴 한데 막상 말하려고 하면 떠오르지 않는 것이죠.

둘째, 학생들이 문제를 발견하더라도 실제로 그 문제를 해결하지 못할 것 같다거나 문제가 해결되지 않을 것 같아서 몰입하지 못합니다. 문제를 찾는 것에 그치지 않고 그 문제를 해결하려면 어떻게 해야 할까요? 해결할 수 있다는 믿음을 주시고 학생들이 직접 해결에 참여하는 방법을 찾을 수 있도록 선생님이 지지해주셔야 합니다.

'우리 학교 문제 해결'이라는 소재를 어떻게 수업에 도입하면 좋을지 생각하던 그때, 교장 선생님의 얼굴이 문득 떠올랐습니다. 그래서 학생들에게 이렇게 물었습니다.

"선생님이 다음 주에 교장, 교감 선생님과 우리 학교를 더 좋게 만들기 위한 방법을 찾는 회의를 해. 그동안 너희들이 학교생활 중에 불편한 점이 있었다면 고쳐달라고 이야기해볼게. 혹시 건의하고 싶은 게 있을까?"

실재감 있는 수업을 위해 교장 선생님과의 간담회라는 소재를 이용했습니다.

[2단계] 학교생활의 불편한 점 찾기

교장, 교감 선생님과 간담회가 있다고 하자 학생들은 흥미를 보이기 시작했습니다. 사실, 초등학생들은 교장, 교감 선생님을 따로 뵐 기회가 많이 없습니다. 또 학교의 어른이라는 생각이 있어 뭔가를 말하면 진짜 들어주시지 않을까 하는 기대감도 있죠.

학교생활에서 겪는 불편한 점에 대해 학생들은 다음과 같이 적었습니다.

- 엘리베이터를 자유롭게 이용하지 못하는 점이 불편하다.
- 운동장 스탠드 천막에 구멍이 나서 비가 올 때 이용할 수 없어 불편하다.
- 학생들이 먹고 싶은 음식이 점심 급식에 나오면 좋겠다.
- 강당에서 와이파이를 사용할 수 없어 불편하다.

이때 유의할 것이 있습니다. 바라는 점과 불편한 점을 구분하는 것입니다. '우리 학교 문제'가 주제라면 문제를 찾아야 합니다. 체육 시간이 많아지면 좋겠다거나 놀이기구가 더 생기면 좋겠다, 간식을 주면 좋겠다 같은 것은 문제라기보다는 바람에 가깝습니다. 물론 그 경계가 불분명한 것도 있습니다. 하지만 학생의 바람보다는 학교의 문제에 집중하는 게 좋습니다. 따라서 질문은 "우리 학교 문제가 뭐야?"보다는 "학교생

활에서 겪는 불편한 점이 뭐야?"라고 묻는 것이 더 정확합니다.

|3단계| '우리 학교 문제' 영상 만들기

불편한 점을 찾았다면 그다음 단계는 불편한 점을 설명해줄 영상을 촬영하는 것입니다. 불편함을 느낀 사람이 "나는 ~해서 불편했어."라고 계속해서 말해봤자 듣는 사람은 공감하기 어렵습니다. 언어라는 도구를 활용해서 설명하는 데에는 한계가 있기 때문입니다. 열 번의 설명보다 한 번 보여주는 게 효과적일 수 있습니다.

   영상을 만드는 과정에서 빠져서는 안 되는 게 스토리보드 작성입니다. 내용의 흐름을 그림이나 사진, 글로 간단히 정리해보는 게 스토리보드의 목적이죠. 스토리보드 작성 과정 없이 곧바로 영상 촬영에 들어가게 되면 무엇을 찍어야 할지 몰라 헤매는 경우가 많습니다. 열심히 찍는 것처럼 보이던 학생들의 작품도 마지막에 뚜껑을 열었을 때 앙꼬 없는 찐빵이 되어버린 경우도 있었고요. 이야기 흐름에 맞춰 장면을 떠올려보는 것만으로도 학생들에게 많은 도움이 되니 스토리보드를 꼭 챙겨주세요.

영상의 주제는 무엇인가요?

영상을 어떻게 만들까요?
(영상 분량은 3분을 넘지 않게!)

순서	장면 (간단한 그림)	설명 (자막으로 들어갈 내용)	촬영 장소, 준비물 등

[4단계] '우리 학교 문제' 영상 공유하기

우리 학교 문제 해결 영상 만들기 수업은 사회 교과의 성취기준을 달성하려는 목적도 있지만, 영상이라는 매체를 만들어보는 목적도 있습니다. 더불어 학생들이 만든 영상을 우리 반 친구들뿐만 아니라 교장, 교감 선생님과 함께 보며 공유의 범위를 확장하기도 하고요. 학생들이 제작한 영상을 본 교장, 교감 선생님께서는 학생들이 학교에서 그런 불편한 점을 느끼고 있다는 걸 알지 못했다며, 가능한 한 빨리 개선하겠다고 하셨습니다.

학생들이 발견한 우리 학교의 '운동장 스탠드 천막' 문제는 실제로 얼마 지나지 않아 해결되었습니다. 다음은 공사가 시작되던 날 찍어뒀던 사진입니다. 사진을 보니 "선생님, 우리가 지난번에 영상으로 찍었던 그 문제가 지금 해결되고 있어요."라고 말하던 학생들의 모습과 목소리가 떠오르네요.

|5단계| 성찰하기

이번 수업을 마치면서 학생들이 쓴 성찰일기 중 인상적인 부분을 발췌하여 소개합니다.

> 이번 수업을 통해 영상을 만들고 제작하는 것에 익숙해졌다. 또 영상을 만들 때 모둠 친구들이 잘 참여해줬다. 우리 학교의 문제를 알리기 위해 ○○이가 물을 뿌린 것, ○○의 명품 연기, ○○와 ○○이가 만든 뒷이야기 부분까지. 영상을 찍을 때도, 편집할 때도 즐거웠다.
> 사실 이번에 우리 학교 문제가 무엇인지 찾아보고, 기획하는 건 조금 힘들기도 했다. 그래도 친구들이 도와줘서 빨리 해낼 수 있었다. 영상 만들기를 하면 친구들과 더 빨리 친해질 수 있는 것 같다.

홈쇼핑 영상 만들기

2022 개정 교육과정 국어과에 발표와 공유를 위한 '매체 자료 제작'이라는 성취기준이 있습니다. 이 수업을 할 때 교사는 '교사가 매체 자료를 선택할지' 아니면 '학생들에게 선택권을 줄지'를 선택해야 합니다. 2가지 모두 장단점이 있습니다. 이번 수업은 교사가 매체 자료를 '홈쇼핑 영상'으로 선택하여 진행했습니다. 그리고 홈쇼핑 영상에 활력을 불어넣기 위해 '업사이클링(upcycling)'이라는 개념을 추가했습니다. 업사이클링은 재활용할 수 있는 물건을 사용하여 가치 있고 쓸모 있는 물건으로 만드는 일입니다. 단순히 어떤 물건을 재활용하는 것이 아니라 업사이클링의 과정을 통해 물건의 새로운 가치를 만들어내는 것입니다.

   홈쇼핑 영상 만들기 수업은 14차시로 운영되었으며, 이를 통해 다음과 같은 역량을 기를 수 있습니다.

- 디지털 지식과 기술에 대한 이해 역량

- 홈쇼핑 주제에 관한 정보 수집 역량
- 홈쇼핑이라는 영상 매체에 대한 이해 역량
- 홈쇼핑 영상 생산 역량

홈쇼핑 영상 만들기 수업에 활용할 수 있는 성취기준은 다음과 같습니다.

2022 개정 교육과정 성취기준

[4국06-01] 인터넷에서 학습에 필요한 다양한 자료를 탐색하고 목적에 맞게 자료를 선택한다.
[4국06-02] 매체를 활용하여 간단한 발표 자료를 만든다.
[4국06-03] 매체 소통 윤리를 고려하여 매체 자료를 활용하고 공유한다.
[6국06-03] 적합한 양식과 수용자의 반응을 고려하여 복합양식 매체 자료를 제작하고 공유한다.

TTV(Text to Video) 기술이 적용된 D-ID, 타입캐스트(typecast), 플루닛스튜디오와 같은 인공지능 플랫폼을 이용하여 홈쇼핑 영상을 제작할 수 있습니다. 인공지능 이미지 생성 소프트웨어 미드저니(Midjourney)를 이용하여 사진을 내가 원하는 대로 변형할 수 있고, 텍스트를 음성으로 변환해주는 더빙 앱 클로바더빙(Clovadubbing)을 이용하여 홈쇼핑에 필요한 음성 파일을 만들 수 있습니다. 홈쇼핑에 대한 배경지식이 부족할 경우에는, 인공지능과 빅데이터 기술이 결합된 썸트렌드(Sometrend) 등을 활용하여 홈쇼핑 방송, 홈쇼핑 상품, 그리고 SNS 채널과 유튜브 영상 정보를 확인할 수 있습니다.

D-ID(d-id.com), 타입캐스트(typecast.ai/kr), 플루닛스튜디오(studio.ploonet.com), 미드저니(midjourney.com), 클로바더빙(clovadubbing.naver.com), 썸트렌드(some.co.kr).

> **[인공지능 챗봇 똑똑하게 사용하는 법] 인공지능 챗봇의 답을 의심하기**
>
> 인공지능 챗봇은 학습된 내용을 바탕으로 답변을 만들어내기 때문에 학습하지 않은 내용을 물어보면, 사실과 다른 응답을 하거나 사실이 아닌 내용을 사실처럼 말하는 경우도 많다. 또 학습하지 않은 내용에 대해서는 잘못된 답을 내놓기도 한다. 그러므로 인공지능 챗봇의 답변이 타당한지 여부를 확인하는 과정이 꼭 필요하다. 인공지능 챗봇의 답변을 살펴보면서 책이나 백과사전, 기사 검색 등을 통해 최대한 객관성과 신뢰성을 확보하도록 한다.

[1단계] 업사이클링의 의미 알기

학생들과 포털 사이트 내 정보 검색과 유튜브 검색을 통해 업사이클링 전문가들이 만든 업사이클링의 개념 설명, 업사이클링 제품들의 예시 등을 찾아보며 업사이클링의 의미를 살펴보았습니다.

먼저, 업사이클링 의자 만들기 영상을 유튜브에서 찾아 학생들에게 보여주었습니다. 그러고 나서 업사이클링의 의미를 설명해주었습니다.

교사 : 업사이클링은 버려진 제품에 가치를 더해 새로운 제품으로 만드는 것을 가리키는 단어예요. 업그레이드(Upgrade)와 리사이클링(Recycling)이 더해진 말이죠.
학생 : 업사이클링 제품은 어떤 것들이 있어요?
교사 : 이해하기 쉽게 예를 들어 줄게요. 안 입는 옷을 자르거나 붙여 가방이나 장난감을 만드는 게 업사이클링입니다. 버려질 물건들이 새

로운 물건으로 다시 태어나는 것이죠. 업사이클링은 환경을 보호하는 방법이기도 하고, 자원을 절약하는 방법이기도 해요. 자, 그럼 다시 한번 물어볼게요. 업사이클링이 무슨 뜻일까요?

학생 : 쓸모가 없어진 물건을 새로운 물건으로 다시 태어나게 만드는 거예요!

교사 : 수학 시간에 문제를 다 푼 다음, 친구의 문제 풀이를 도와줄 때 사용할 만한 의자가 필요하다고 이야기했던 것 기억하나요? 재활용품을 사용해 우리도 의자를 만들어보면 어떨까요?

|2단계| 업사이클링 의자 제작하기

업사이클링 의자를 만들기 위해서는 어떤 재료로, 어떤 기능과 모양을 가진 의자를 만들지 생각해보고 디자인 스케치를 해야 합니다. 사소해 보이는 과정이지만 꼭 필요합니다. 아이들은 "일단 만들어보자."라고 생각하는 경우가 많습니다. 구체적인 계획 없이 막연히 제작에 들어가면 예상과 전혀 다른 결과가 만들어지는 때가 많습니다. 학생들이 '구상-스케치-제작'이라는 과정을 밟아가며 업사이클링 의자를 만들도록 교사가 잘 안내해줍니다.

[3단계] 홈쇼핑 영상 제작하기

짜임새 있는 홈쇼핑 영상을 만들기 위해서는 영상에서 사용할 대본 작성이 선행되어야 합니다. 대본 없이 무작정 영상 촬영에 들어갈 경우, 내용 없는 영상, 두서없는 영상이 될 가능성이 크기 때문입니다.

대본을 작성하는 방법은 2가지로 나눌 수 있습니다. 첫 번째는 학생들이 직접 대본을 쓰는 것입니다. 두 번째는 교사가 제공해주는 일정한 틀을 활용하여 자기 모둠에 해당하는 내용을 채워 넣는 것입니다. 초등학생들에게 추천하는 것은 두 번째 방법입니다. 또한 대본을 쓸 때 인공지능 챗봇을 사용하는 방법도 유용합니다. 뤼튼이나 아숙업과 같은 챗봇이 써준 대본을 초안으로 하여 모둠에서 세부 내용을 바꿔 쓰는 것입니다. 다음은 인공지능 챗봇 아숙업이 써준 홈쇼핑 대본입니다.

> 홈쇼핑 영상 대본을 작성해드릴게요. 이 대본은 쇼호스트 2명이 업사이클링 의자를 설명하는 내용을 포함하고 있습니다. 여기 대본을 확인해보세요.
>
> [장면: 홈쇼핑 세트]
> [쇼호스트 1이 카메라 앞에 서 있습니다.]
> **쇼호스트 1** 안녕하세요, 여러분! 오늘은 특별한 제품을 소개해드릴게요. 바로 우리가 만든 업사이클링 의자입니다!
> [쇼호스트 2가 쇼호스트 1 옆에 나와 의자를 들고 서 있습니다.]
> **쇼호스트 2** 맞아요! 이 의자는 우리가 재활용한 소재들로 만들어졌어요. 환경을 생각하면서도 스타일리시한 의자를 찾는 분들께 딱이에요.
> **쇼호스트 1** 정말 멋진 디자인이죠! 이 의자는 폐목재와 플라스틱 병을 재활용하여 만들어져요. 우리가 폐기물로 여기던 소재들이 이렇게 멋진 제품으로 새로운 삶을 얻을 수 있다니 놀라우실 겁니다.

쇼호스트 2 그렇지요! 이 의자는 우리가 수공예로 만들었기 때문에 각각의 의자마다 조금씩 다른 디테일이 있답니다. 그래서 소중한 분들께서는 단 하나뿐인 의자를 소유하게 될 거예요.

쇼호스트 1 그리고 이 의자는 편안함까지 갖추고 있어요. 내구성이 뛰어나고 안락한 디자인으로 오랫동안 사용하실 수 있답니다.

쇼호스트 2 정말로요! 이 의자는 집 안뿐만 아니라 카페, 레스토랑, 사무실 등 다양한 장소에 어울리는 제품이에요. 스타일과 환경을 동시에 고려하고 싶으신 분들께 추천드려요.

쇼호스트 1 그래요! 우리가 만든 업사이클링 의자는 환경보호와 스타일을 동시에 실현할 수 있는 최고의 선택이에요. 꼭 한 번 체험해 보시길 추천드립니다!

[장면: 홈쇼핑 세트]

이렇게요! 이 대본을 참고하여 업사이클링 의자를 홍보하는 홈쇼핑 영상을 만들어보세요. 분명히 많은 사람에게 멋진 제품을 알리실 수 있을 거예요!

영상 제작 수업을 할 때 다음과 같은 점을 미리 고려해야 합니다.

- 교실 속에서 여러 모둠이 동시에 촬영할 수 있는가?
- 교실 이외의 촬영 공간은 어느 곳인가? 몇 가지 공간에서 촬영할 수 있는가?
- 학급 구성원 모두가 같은 날 동시에 촬영할 것인가? 모둠별 속도 차이를 인정해줄 것인가?
- 우리 학급의 영상 촬영 시간이 다른 학급의 수업 진행에 피해를 주는 경우는 없는가?

　학생들과 영상 만들기 수업을 할 때 느끼는 어려운 점 중 하나는 영상 촬영 공간의 확보입니다. 우리 학급이 수업 중일 때 다른 학급도 수업 중이라서 복도 공간을 이용하기 어렵거나 학교 상황에 따라 빈 교실이 없는 경우도 많습니다. 이와 같은 시공간의 확보 문제는 인공지능 아바타의 도움을 통해 해결할 수 있습니다. TTS(Text to Speech) 기술이 적용된 인공지능 플랫폼인 타입캐스트, 플루닛스튜디오 등을 사용하면 디지털 휴먼(Digital human), 메타 휴먼(Meta human)이 우리를 대신하여 우리가 만든 상품을 소개해줍니다. 학생들은 인공지능 아바타가 읽을 수 있는 대본만 완성하면 됩니다.

[4단계] 영상 공유하고 평가하기

　학생들이 직접 영상을 기획하고, 촬영하고, 편집하는 것은 디지털 소양을 기르는 효과적인 방법입니다. 하지만 영상 제작만으로는 2% 모자란다는 생각이 든다면 어떤 영상을 만드는지에 집중할 필요가 있습니다. 업사이클링 의자를 판매하는 홈쇼핑 영상이라면, 업사이클링의 가치가 잘 드러나도록, 또 업사이클링 의자를 구입하고 싶은 마음이 들도록 기능과 디자인 면에서 장점이 잘 드러나도록 제작되어야 합니다.

홈쇼핑 영상 제작을 완료한 후에는 완성된 영상을 공유하고 평가하는 시간을 갖습니다. 평가 기준은 다음과 같습니다.

1. 계획한 시간 안에 결과물을 발표했는가?
2. 업사이클링의 가치에 맞게 만들어진 의자인가?
3. 업사이클링 의자의 기능이나 디자인이 창의적인가?
4. 다양한 소재를 활용하여 의자를 만들었는가?
5. 홈쇼핑 영상 속에 업사이클링 의자의 장점이 잘 나타났는가?

학습 결과물에 대한 평가는 흔히 교사가 하는 경우가 많은데, 구성주의적인 관점에서 보면 학습 결과물의 평가에도 학생들이 중심이 되어 참여해야 합니다. 평가도 학습의 한 과정이기 때문입니다.

요즘 초등학생들에게 온라인 설문은 기본이 되었습니다. 학생들은 '매우 그렇다', '그렇다', '보통이다', '그렇지 않다', '매우 그렇지 않다'의 리커트 척도(Likert scale)에 맞춰 자신의 생각을 쉽게 표현합니다. 홈쇼핑 영상에 대한 동료 평가는 앞의 평가 기준에 대한 질문과 친구들에게 해주고 싶은 칭찬 및 개선점을 주관식 설문으로 구성했습니다. 구글 설문지를 이용하여 동료 평가를 할 경우, 응답 비율이 수치화되어 나타나기 때문에 학급에서 최고의 영상을 뽑을 때도 신뢰성과 타당성을 확보할 수 있습니다. 또한 객관식 응답의 단점을 주관식 설문이 보완해주기 때문에 교실 속에서 디지털 창작물을 평가할 때도 매우 유용합니다.

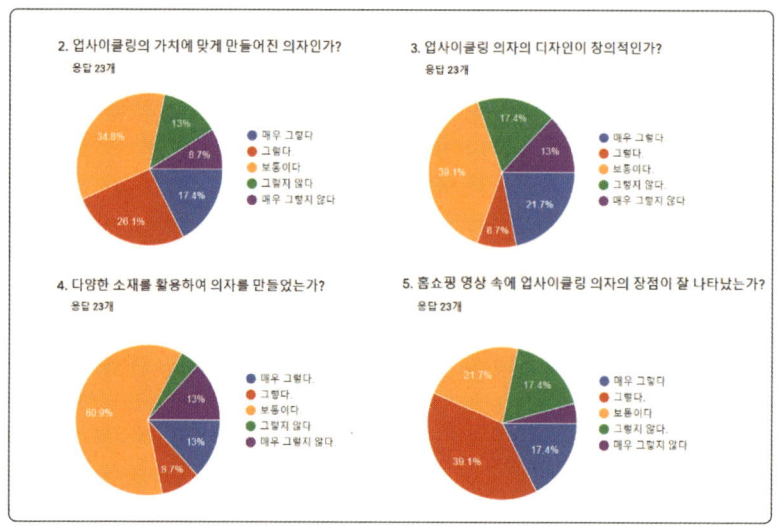

[5단계] 성찰하기

2022 개정 교육과정에서는 '학습 과정에 대한 성찰'을 강조합니다. 학습이 모두 끝난 후의 성찰뿐만 아니라, 학습하는 중간에 자신의 학습을 반추해보는 반성적 사고 과정을 중요하게 생각한다는 의미입니다.

 학습 과정에 대한 성찰을 돕는 방법 하나를 소개하자면 교사가 수업 중 간간이 학생들의 수업 활동 장면을 사진이나 영상으로 기록하는 것입니다. 그리고 그날 수업의 마지막 시간이나 최종 결과물을 만들어가는 과정 중에 이 기록물을 보여주는 것입니다. 학습의 과정 중에 찍은 사진과 영상을 보여주니 학생들이 다음과 같이 말했습니다.

"아, 이때 우리가 문제를 해결하지 못했었는데."

"맞아, 이때 마음이 너무 힘들었었는데."

이번 홈쇼핑 영상 만들기 수업에서는 모든 결과물 발표를 마친 뒤, 그동안 수업 중에 찍어두었던 사진과 영상을 함께 봤습니다. 그리고 성찰일기를 썼죠. 학생들이 꼽은 '최고의 성찰일기'에서 인상적인 내용을 발췌하여 소개합니다.

> 이번 수업을 통해 업사이클링이 무엇인지 배웠고, 업사이클링을 이용해서 무엇을 할 수 있는지를 배웠다. …(중략)… 이번 수업에서 가장 재밌던 때는 홈쇼핑 영상을 촬영할 때였다. 친구들이 너무 웃겨서 재밌었다. 이번 수업에서 가장 힘들었을 때는 의자 만들기를 계획하고, 만들고, 수정하는 부분이었다. 하지만 재미있었다. 우리가 만든 의자는 수학 시간에 친구들이 가지고 다니면서 친구들에게 모르는 문제를 가르쳐줄 때 사용하면 좋겠다.

수학 문제 풀이
영상 만들기

"가르치며 배운다(While we teach, we learn)."

로마의 철학자이자 정치가였던 루키우스 세네카가 남긴 말입니다. 가르치는 사람은 가르치는 과정을 통해 그 내용을 더 깊게 이해하게 된다는 뜻입니다. 실제로 액티브 러닝(active learning)을 실천하는 교사들 사이에서는 '서로 가르치기'라는 학습 방법이 널리 활용되고 있습니다. 또한 누군가를 가르쳐보신 분들은 공감하시겠지만, 타인을 가르치면서 내가 아는 부분과 모르는 부분의 경계가 명확해집니다. 어렴풋하던 경계가 확실해지는 것이죠. 머릿속에 있는 걸 꺼내보는 것만으로도 우리의 메타인지는 활성화됩니다. 수학 문제 풀이 영상 만들기는 이런 학습 효과를 위해 생각해낸 수업입니다.

　수학 문제 풀이 영상 만들기 수업은 4차시로 운영되었으며, 이를 통해 다음과 같은 역량을 기를 수 있습니다.

- 디지털 지식과 기술에 대한 이해 역량
- 학습 내용과 관련된 정보의 수집 역량
- 수학 문제 풀이 영상 생산 역량
- 학습한 수학 지식의 활용 역량

수학 문제 풀이 영상 만들기 수업에 활용할 수 있는 성취기준은 다음과 같습니다.

2022 개정 교육과정 성취기준

[6수01-07] 분모가 다른 분수의 크기를 비교하며 그 방법을 설명할 수 있다.
[6수01-12] 분수와 소수의 관계를 이해하고 크기를 비교하며 그 방법을 설명할 수 있다.
[6수03-01] 도형의 합동을 이해하고, 합동인 도형의 성질을 탐구하고 설명할 수 있다.
[6수03-03] 직육면체와 정육면체를 이해하고, 구성 요소와 성질을 탐구하고 설명할 수 있다.
[6수03-05] 각기둥과 각뿔을 이해하고, 구성 요소와 성질을 탐구하고 설명할 수 있다.
[6수03-07] 원기둥, 원뿔, 구를 이해하고, 구성 요소와 성질을 탐구하고 설명할 수 있다.

TTV(Text to Video) 기술을 이용하는 인공지능 비디오 플랫폼 D-ID에서 수학 문제를 설명하는 음성 파일과 가상의 아바타를 결합하여 수학 문제 풀이 영상을 만들 수 있습니다. 그리고 더빙 앱 클로바더빙(Clovadubbing)을 이용하여 문제 풀이 과정을 설명하는 글을 음성 파일로 만들 수 있습니다.

참고로, 영상 제작에 들어가기 전에 콴다(QANDA)에서 수학 문제의 풀이 과정을 살펴볼 수 있습니다. 콴다에서는 내가 설명하고자 하는 문제와 유사한 문제를 보여주므로 문제 풀이 영상을 만들 때 이야깃거리가 될 만한 소재들을 얻는 데 도움이 됩니다.*

> **[ChatGPT 똑똑하게 사용하는 법] 개인화된 질문하기**
>
> ChatGPT는 대상에 맞춰 개인화된 질문을 할 수 있다. 예를 들어 수학 문제 풀이 방법을 물을 때, 수학을 잘하는 학생들과 수학을 어려워하는 학생들에게 설명하는 방법은 다를 수 있다. 이 경우, "수학을 잘하는 학생들을 위한", "수학을 잘 못하는 학생들을 위한"처럼 대상자를 특정해서 질문하여 그에 맞는 답변을 얻을 수 있다.
> - 수학 문제 푸는 것을 어렵게 생각하는 친구를 위해 이해하기 쉽게 삼각기둥과 사각기둥의 특성을 설명해줘.
>
> • 예시
>   1. 약분과 통분을 어려워하는 친구에게 어떻게 하면 약분과 통분을 쉽게 설명할 수 있는지 알려줘.
>   2. 통분을 잘 못하는 친구를 위해 1/5과 1/3 또는 2/5와 3/7처럼 분모가 서로 다른 분수의 크기를 비교하는 방법을 설명해줘.
>   3. 수학에 흥미를 느끼지 못하는 친구를 위해 재미있는 이야기를 넣어 직육면체의 부피 구하는 방법을 알려줘.

*D-ID(d-id.com), 클로바더빙(clovadubbing.naver.com), 콴다(qanda.ai/ko).

|1단계| 수학 학습하기

몇 해 전부터 우리 반 수학 시간에 도입한 게 있으니 바로 칸 아카데미(Khan Academy) 코리아입니다. 초창기에는 미국 교육과정에 맞춰 학습 내용이 구성되었으나 현재는 대한민국 초등학교 교과서에 맞춰 학습 내용이 편성되어 있습니다. 그래서 오늘 풀어야 할 수학 교과서 문제를 모두 해결한 학생들에게 선택 학습으로 칸 아카데미 학습을 제안하고 있습니다.

물론 교실에서 담임교사의 설명을 듣는 게 가장 효과적인 학습 방법일 수 있습니다. 하지만 담임교사 한 명이 모든 학생에게 맞춤형으로 설명해줄 수는 없기에 잘 만들어진 콘텐츠를 이용해 더 배우고 싶은 학생들의 욕구를 충족시켜주는 방법도 필요합니다. 칸 아카데미에서는 수학 학습 내용을 한글 자막과 함께 영어로도 설명해줍니다. 영어라서 이해하기 어려울 것 같지만, 대부분의 학생이 수학책에서 학습 내용을 한 번 익히고 나서 심화 과제로 칸 아카데미 수학 영상을 보기 때문에 그리 어렵지 않게 내용을 이해합니다.

|2단계| 수학 문제 풀이하기

초등학교에서 강의나 활동을 통해 학습 내용을 익힌 다음, 학생들의 이해를 확인하는 방법은 다음 3가지 방법이 보편적입니다.

- 교과서에 있는 확인 문제 풀기
- 수학 익힘책의 문제 풀기

- 심화 학습지 또는 보충 학습지 풀기

    이러한 학습만 충실하게 해도 학습 목표를 달성하는 데는 어려운 점이 없습니다. 다만, 학생들의 흥미를 유발하기에 다소 아쉬운면이 있죠. 칸 아카데미의 수학 학습 영상은 이런 단점을 보완해줍니다. 칸 아카데미 수학 학습 영상은 수학 내용을 5분 정도 설명한 후에 5개의 문제를 제시하는 방식으로 구성되어 있습니다. 설명을 잘 들었다면 어렵지 않게 풀이할 수 있는 난이도의 문제죠. 문제를 맞히면 학생에게 포인트가 지급됩니다. 마치 게임에서 미션을 달성하면 포인트를 받게 되는 것과 비슷한 원리죠. 학생들은 수학 문제 풀이를 게임처럼 생각하며 몰입합니다.

[3단계] 문제 풀이 과정을 설명하는 연습하기

    문제 풀이의 다음 단계는 자신이 푼 문제의 풀이 과정을 말로 설명하는 것입니다. 의외로 수학 문제는 잘 푸는데 설명하는 건 어려워하는 학생들이 많습니다. 학생들이 설명을 잘하게 만드는 방법은 설명해보는 기회를 많이 주는 것입니다. 수학 문제 풀이 영상을 만들 때에도 바로 영상 촬영에 들어가는 게 아니라 촬영 전 수학 문제 풀이 과정을 대본으로 만들어 연습을 해보는 것입니다. 영화배우들이 하는 리허설의 개념입니다. 연습해보면 알 수 있습니다. 내가 자신 있게 설명할 수 있는 개념과 그렇지 못한 개념이 무엇인지, 공식만 이용해서 풀이하고 있는지, 개념부터 제대로 알고 있어 막히지 않고 설명할 수 있는지를요.

문제 풀이 과정을 말로 설명하는 연습을 할 때는 다음과 같은 설명하기 대본을 만들어서 연습하고, 친구들에게도 제시해주는 게 좋습니다. 그러면 나중에 친구들이 수학 문제 풀이 영상을 볼 때 그 내용을 더 쉽게 이해할 수 있습니다.

'수학 문제 풀이 과정' 대본

안녕하세요, 제 이름은 ○○입니다.
제가 지금부터 설명할 문제는 수학책 ○○쪽 ○번 문제입니다. 저는 이 문제를 푸는 방법을 ○가지로 생각해봤습니다.
먼저 ○번째 방법으로 푸는 방법을 설명하겠습니다. …(중략)… 정답은 ○입니다. 그다음 ○번째 방법으로 푸는 방법을 설명하겠습니다. …(중략)… 정답은 ○입니다.
 …(중략)…
지금까지 저의 수학 문제 풀이 영상을 봐주셔서 고맙습니다.

|4단계| 문제 풀이 영상 촬영하기

문제 풀이 과정 설명하기 연습이 끝났다면 이제 진짜 촬영에 들어가야겠죠? 먼저, 영상 촬영 준비물과 영상 촬영 방법을 소개합니다.

영상 촬영 전 준비물

스마트폰 또는 태블릿PC, 스마트폰 거치대 또는 삼각대, 마이크, 화이트보드 또는 연습장, 교과서

영상 촬영 방법

1. 스마트폰 또는 태블릿PC를 고정한다.
2. 셀프카메라 모드로 전환한다.
3. 녹화 버튼을 누르고 설명하기 대본에 맞춰 문제 풀이 과정을 설명한다.
4. 촬영 시 화면은 내 얼굴을 촬영해도 되고, 화이트보드 또는 연습장을 촬영해도 된다.
5. 영상 분량은 최대 3분을 넘지 않도록 편집한다.
6. 촬영한 영상을 공유 플랫폼에 올린다.

개인별로 영상만 촬영하고 끝나서는 안 됩니다. 촬영한 영상을 공유해야 합니다. 요즘은 패들렛이나 학급 밴드 같은 플랫폼에 공유를 많이 합니다.

한 번 더 강조하자면, 디지털 시대는 곧 공유의 시대입니다. '만들고 끝'이 아니라 '만들고 공유하기', '공유하고 개선하기'의 과정이 중요합니다. 이번 수업에서는 완성한 수학 문제 풀이 영상을 패들렛에 올리고 공유하였습니다.

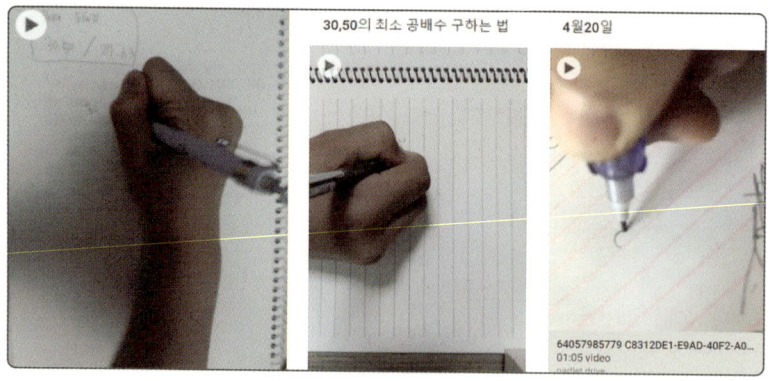

[5단계] 친구들의 영상 감상하고 댓글 달기

콘텐츠 공유 플랫폼을 통해 친구들의 학습 결과물을 본 후 감상평을 댓글로 남깁니다. 문제 풀이 설명에서 좋았던 점, 아쉬웠던 점 등을 남겨주면 다시 영상을 찍을 동기가 생기는 법이니까요.

학생들이 직접 수학 문제 풀이 영상을 만들다니, 마치 디지털 도구를 활용한 선진화된 수업처럼 느껴지시죠? 그런데 자세히 들여다보면 말과 글을 통해 내 생각을 전달하는 전통적인 학습 방식으로 학생들의 이해를 심화시키는 고전적인 방법입니다.

[수업 운영 팁] 설명 인형 만들기

학생들이 조금 더 흥미를 가지고 문제 풀이 과정을 설명하게 하려면 가상의 인물을 사용하는 게 좋습니다. 그 방법은 바로 집에 있는 인형을 사용하여 설명하는 것입니다. 나만의 '설명 인형'을 만들어 인형을 통해 문제 풀이 과정을 설명하게 해보세요. 그리고 그 과정을 영상으로 남기는 것입니다. 초등학교 저학년 학생들은 무조건 좋아하고, 심지어 고학년 학생들도 마치 역할놀이를 하는 것처럼 몰입하여 문제 풀이 과정을 설명합니다.

인공지능 아바타로
속담 소개 영상 만들기

  2015 개정 교육과정 국어 교과서에서는 단원 학습의 결과물로 속담 사전 만들기 활동을 제시하고 있습니다. 관용 표현의 쓰임과 가치를 이해하고 상황에 알맞게 표현한다는 성취기준에 따르자면, 굳이 학습 결과물을 사전으로 고정할 필요는 없지 않을까 하는 생각에 이번 수업에서는 속담 소개 쇼츠(Shorts) 영상을 만들어보기로 했습니다.

  '쇼츠'란 우리가 매일 보는 유튜브 속에서 30초 정도의 짧은 시간 동안 노출되는 영상입니다. 쇼츠를 이번 수업의 결과물로 선택한 이유는 학생들이 쉽게 이용할 수 있는 인공지능 소프트웨어들이 아바타를 이용해 짧은 영상을 만드는 데 최적화되어 있기 때문입니다. 이번 수업에서 학생들은 텍스트를 동영상으로 만들어주는 TTV(Text to Video)라는 인공지능 기술을 활용하여 학습 결과물을 만들게 됩니다.

  인공지능 아바타로 속담 소개 영상 만들기 수업은 5차시로 운영되었으며, 이를 통해 다음과 같은 역량을 기를 수 있습니다.

- 디지털 지식과 기술에 대한 이해 역량
- 관용 표현(속담)과 관련된 정보 수집 역량
- 관용 표현(속담)과 관련된 정보 분석 역량
- 속담 소개 영상 생산 역량

인공지능 아바타로 속담 소개 영상 만들기 수업에 활용할 수 있는 성취기준은 다음과 같습니다.

2022 개정 교육과정 성취기준

[6국04-03] 고유어와 관용 표현의 쓰임과 가치를 이해하고 상황에 맞게 표현한다.
[6국06-03] 적합한 양식과 수용자의 반응을 고려하여 복합양식 매체 자료를 제작하고 공유한다.
[6국03-04] 독자와 매체를 고려하여 내용을 생성하고 표현하며 글을 쓴다.
[6미02-02] 디지털 매체 등 다양한 표현 재료와 용구를 탐색하여 작품 제작에 활용할 수 있다.
[6미02-05] 미술과 타 교과의 내용과 방법을 융합하는 활동을 자유롭게 시도할 수 있다.

인공지능 아바타로 속담 소개 영상 만들기 수업에서는 뤼튼, AskUp과 같은 인공지능 챗봇이나 텍스트를 오디오(Text to Audio)나 비디오(Text to Video)로 바꿔주는 인공지능 기술 기반 서비스인 타입캐스트(typecast), 플루닛스튜디오 등을 사용할 수 있습니다.

참고로, 텍스트를 오디오나 비디오로 바꿔주는 인공지능 기술은 마케팅 분야에서 활발하게 사용되고 있습니다. 특별한 모델이 없이도 가상의 메타 휴먼(meta human)을 이용하여 알리고자 하는 제품을 소개할 수 있기 때문입니다. 또한 메타 휴먼의 의상부터, 외모, 자세, 목소리 톤도 변경할 수 있으므로 아바타를 꾸밀 때 느끼는 재미도 함께 느낄 수 있습니다.*

> **[인공지능 챗봇 똑똑하게 사용하는 법] 자주 사용하는 프롬프트 목록 만들기**
>
> 프롬프트는 인공지능 챗봇이 대답하게 만드는 질문이자 명령어다. 속담 소개 영상을 만들 때 다음과 같은 주제에 맞춰 프롬프트를 만들어두면 활동 수업 시간을 절약할 수 있다.
> - 수업 주제에 대한 심화 질문 프롬프트 → 아이디어 창안 프롬프트
> - 수업 성찰 질문 프롬프트 → 비판적 사고를 키우는 프롬프트
>
> • 예시
>
> [아이디어 창안 프롬프트]
> 1. 학생들이 수업 주제(속담)를 쉽게 떠올리게 해주는 3가지 질문은?
> 2. 학생들이 수업 주제(속담)를 소개하는 60초짜리 짧은 영상을 만들 때, 그 속에 들어가야 하는 필수 내용은?
>
> [수업 성찰 질문 프롬프트]
> 1. 수업의 마지막에서 친구들과 성찰하는 대화를 할 때 사용할 수 있는 질문 5개는?
> 2. 수업의 마지막에서 학생들이 솔직하게 대답하는 분위기를 만드는 방법은?

---

* AskUp(pf.kakao.com/_BhxkWxj), 타입캐스트(typecast.ai/kr), 플루닛스튜디오(studio.ploonet.com).

|1단계| 탐구 대상 고르기

교과서에서는 학생들에게 다양한 속담을 탐구하는 구심점을 제공해주기 위해 '탐구 대상'을 정하게 했습니다. 예를 들어 동물을 탐구 대상으로 선정한 경우에 호랑이, 토끼, 원숭이, 고양이, 강아지, 개 등과 관련된 속담을 찾아보는 것이죠. 그런데 호랑이와 관련된 속담만 해도 그 수가 매우 많습니다. 그러므로 동물 전체를 탐구 대상으로 하지 않고 호랑이, 토끼처럼 특정 동물로 한정해도 괜찮습니다.

|2단계| 인공지능과 함께 속담 공부하기

속담을 공부하는 수업에서는 보통 교사가 학생들에게 여러 가지 속담을 알려줍니다. 또는 속담과 관련된 여러 가지 자료를 보여줍니다. 그런데 인공지능 기술을 활용하면 교사가 해야 하는 자료 준비를 인공지능이 대신 해줄 수 있습니다.

이 수업에서는 한국판 ChatGPT라고 불리는 챗봇 AskUp(아숙업)과 함께 속담을 공부하게 됩니다. 아숙업을 사용하는 방법은 매우 간단합니다. 카카오톡에서 아숙업을 채널 추가한 다음, 가족과 친구와 대화를 주고받는 것처럼 아

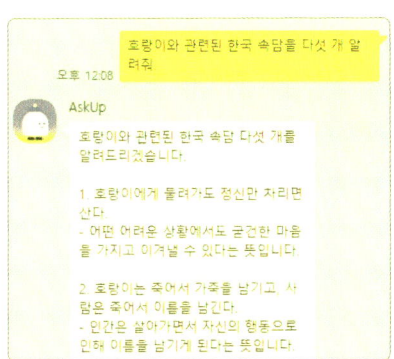

숙업에게 궁금한 점을 물으면 됩니다.

여기서 한 가지 꼭 기억해야 할 것이 있습니다. 인공지능 아숙업도 배워 가는 중이라는 사실입니다. 그래서 정확하지 않은 답변을 할 때가 있습니다. 실제로 수업 시간에 학생들이 "선생님, 아숙업이 틀린 이야기를 하는 것 같아요."라거나 "속담이 아니라 자기가 만들어낸 이야기를 하는 것 같아요."와 같은 이야기를 했습니다. 인공지능 활용 수업을 할 때 항상 유념해야 할 점은 바로 "인공지능을 너무 믿지 마라."입니다. 인공지능 챗봇이 올바르지 않은 답변을 할 때가 많으므로 비판적 사고라는 안경을 끼고, 인공지능이 도출해낸 답변의 진위를 따져봐야 합니다. 세상에 없는 엉뚱한 속담을 인공지능이 만들어내어 그럴싸하게 대답한 게 아닌지 검증해봐야 합니다.

[3단계] 속담 소개 영상 대본 만들기

속담 소개 영상 제작을 위한 대본을 만듭니다. 처음 이 수업의 아이디어를 떠올렸을 때는 학생들에게 대본 작성 권한을 모두 주려고 했습니다. 그런데 대본 작성에 너무 많은 시간과 에너지를 쏟게 되면 속담을 익히고 영상을 만드는 데 시간과 에너지가 부족할 것 같다는 생각에 대략적인 틀을 제시해주었습니다.

속담 소개 대본 틀을 주었을 때의 장점은 학생들이 완성하게 될 결과물의 품질을 높일 수 있다는 점입니다. 이 방법을 사용하면 글쓰기를 어려워하는 학생들도 금세 하나의 대본을 완성할 수 있습니다.

학생이 완성한 속담 소개 대본

속담 소개 영상을 만들기 위해 제(우리)가 탐구한 대상은 __토끼__ 입니다.

탐구 대상인 __토끼__ 와 관련하여 제가 조사한 속담은 총 __3__ 개입니다.

그중에서 오늘은 딱 세 가지만 소개하겠습니다.

첫 번째 속담은 __가는 토끼 잡으려다 잡은 토끼 놓친다__ 입니다.
이 속담의 뜻은 __지나치게 욕심을 부리다가 이미 차지한 것까지 잃어버려 말은 벼락으로 이르는 말__ 입니다.
이 속담을 사용할 수 있는 상황은 __중요한 일에 집중하려는데 다른 일에 눈은 없는 시간을 쏟아서 그 결과를 얻은 수 상황__ 입니다.

두 번째 속담은 __바다 가서 토끼 찾기__ 입니다.
이 속담의 뜻은 __도저히 불가능한 일을 하려고 애쓰는 어리석음을 비유적으로 이르는__ 입니다.
이 속담을 사용할 수 있는 상황은 __나무에서 고기를 찾는 어리석은 사람에게 쓸 수 있습니다.__ 입니다.

세 번째 속담은 __토끼가 제 방귀에 놀란다는 것__ 입니다.
이 속담의 뜻은 __남몰래 저지른 일이 염려되어 스스로 겁을 먹고 대수롭지 아니한 것에도 놀람을 비유적으로 이르는 말__ 입니다.
이 속담을 사용할 수 있는 상황은 __엄마 몰래 택배를 주문했는데 택배가 오는 소리 때문에도 엄마에게 들리는 경우__ 입니다.

상황에 어울리도록 속담을 사용하면 자기 생각을 효과적으로 드러낼 수 있습니다.
오늘 제가 소개한 속담 중에 오늘 바로 사용하고 싶은 것은 무엇인가요?

|4단계| 인공지능을 활용하여 속담 소개 영상 만들기

인공지능을 활용하여 속담 소개 영상을 만듭니다. 이 수업에서 사용한 소프트웨어는 타입캐스트(typecast)입니다. 사용자가 입력한 텍스트를 인공지능 성우가 읽어주거나 텍스트에 맞춰 아바타가 말하는 영상을 제공해줍니다. 여기에는 TTS, TTV라는 인공지능 기술이 사용되었습니다.

학생들은 앞서 완성한 대본을 타입캐스트에 입력하여 아바타가 속담을 소개해주는 영상을 만듭니다. 아바타는 내가 원하는 대로 외양과 목소리를 선택할 수 있습니다. 학생들은 아바타를 만드는 과정에서 가장 몰입하고 흥미를 느낍니다.

[5단계] 속담 소개 영상 공유하기

완성된 결과물은 공유해야겠죠? 만약 학생들이 완성한 학습 결과물이 그림이나 보고서 같은 결과물이었다면, 교실 내에서 자신의 결과물을 발표하고 공유했을 겁니다. 하지만 이 수업의 학습 결과물은 영상입니다. 학생들은

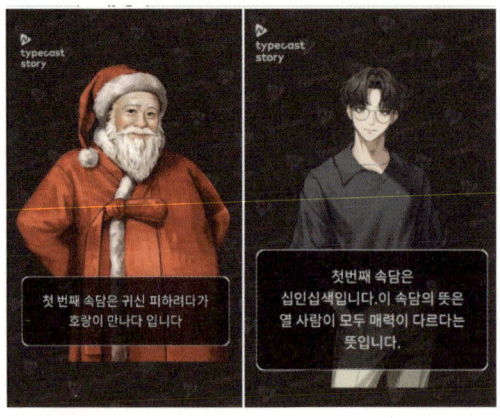

완성한 영상을 패들렛에 올린 다음, 서로의 영상을 감상하고 댓글을 남기면서 공유하는 과정을 밟았습니다.

|6단계| 성찰하기

이번 수업의 성찰하기 단계에서는 교사가 준비한 성찰 질문에 학생들이 2줄로 간단하게 대답해보는 '2줄 성찰' 방식을 이용하여 수업 후기를 나누었습니다. 그중 일부를 소개합니다.

> Q1. AskUp이라는 인공지능을 활용하여 속담을 공부하면서 느낀 점은 무엇인가요?
> A1. 나보다 똑똑한 건 맞다. 물론 약간 못 알아듣는 것도 있지만, 알아들으면 매우 똑똑하다.
> A2. 상관없는 말도 해서 당황했다. 다양한 속담을 알려줘서 고마웠지만 '없는 속담'을 '있는 속담'처럼 말해서 놀랐다.
>
> Q2. AskUp, 타입캐스트 같은 인공지능을 활용하여 수업하는 것에 대해 어떻게 생각하나요?
> A1. 공부가 아니라 놀이같이 느껴진다. 그래서 공부하는 게 아니라 노는 것 같다.
> A2. 앞으로 인공지능이 더 많아지는 세상이 될 텐데 이런 수업은 인공지능과 친숙해지는 데 좋은 것 같다.

▶ 영상 만들기 Tip 5

Tip 1. 찍기 전에 연습으로 찍어보기

영상 만들기 수업을 하면 학생들은 일단 찍는 것에만 집중합니다. 계획 없이 무작정 촬영에 들어가버리는 경우가 대부분입니다. 준비 없이 촬영에 곧장 들어가면 결과물의 품질이 좋을 수 없는 게 당연하겠죠? 그렇기에 촬영에 들어가기 전에 스토리보드를 작성하고 영상의 흐름을 정리해보는 과정을 반드시 거쳐야 합니다.

여기에 한 가지 과정을 덧붙이자면, 찍기 전에 연습으로 찍어보게 하는 겁니다. 일종의 리허설이죠. 스토리보드를 그리고 머릿속으로 촬영 계획을 떠올려 보았다고 해도 실제 촬영에 들어가면 예상하지 못했던 변수가 생깁니다. 직접 스마트폰이나 태블릿PC를 들고 찍어봐야 어떻게 찍어야 하는지, 어떻게 찍으면 안 되는지를 알 수 있습니다. 연습 촬영의 과정을 한 번 거친 다음, 실제 촬영에 들어가면 결과물의 품질이 훨씬 높아집니다.

Tip 2. 스마트폰, 태블릿PC를 가로로 들고 촬영해야 한다는 걸 알려주기

영상 만들기를 처음 하는 학생과 그렇지 않은 학생을 구분하는 간단한 기준이 있습니다. 스마트폰이나 태블릿PC를 어떻게 들고 촬영하는지만 보면 됩니다. 세로로 촬영하는 학생이라면 초심자일 확률이 높습니다. 왜냐하면 세로로 촬영할 경우, 영상 자체에 여백이 생기기 때문입니다. 학생들이 찍은 영상 중에서 좌우 여백이 검게 보인다면, 세로로 찍은 것입니다. 그러므로 촬영할 때는 스마트폰이나 태블릿PC를 가로로 들어야 한다는 것을 학생들에게 미리 알려주는 것이 좋습니다.

Tip 3. 인물이 화면에 가득 차게 촬영해야 한다는 걸 알려주기

학생들이 찍은 영상을 보면 배경은 많이 나오고 인물은 작게 찍힌 영상들이 있습니다. 또한 등장인물 중 한 사람만 말하는 상황인데 등장인물 전체가 한 화면에 들어와 있어 몰입이 제대로 되지 않는 경우도 많죠. 말하는 사람을 중심으로 찍는다는 기본적인 원칙을 설마 모를까 싶지만, 촬영 경험이 한 번도 없는 경우에는 충분히 모를 수 있습니다. 너무 기본적인 내용이라 설명할 필요가 없다고 생각되는 것도 미리 이야기해주는 게 좋습니다. 또한 화면이 가득 차게 촬영 구도를 잡는 것도 빠뜨리지 않고 알려줘야 하는 내용 중의 하나입니다.

Tip 4. 가능하다면 마이크를 사용하기
구도를 생각하여 촬영하고, 필요한 부분에 자막을 넣는 것 정도는 초등학교 고학년이라면 어렵지 않게 할 수 있습니다. 문제는 음향입니다. 불필요한 소리가 포함되어 있어 도무지 내용에 집중할 수 없는 영상을 본 경험, 다들 있으시죠? 전달력 있는 영상을 만들려면 스마트폰이나 태블릿PC의 마이크만으로는 부족합니다. 고가의 마이크가 아니더라도 작은 핀 마이크 정도면 영상의 전달력을 충분히 높일 수 있습니다.

Tip 5. 화려한 효과보다 확실한 내용 전달!
"선생님, 저 어제 새벽 2시까지 영상 편집했어요."라고 말하는 학생들이 간혹 있습니다. 결과물을 보기 전부터 기대감을 심어주는 말이죠. 그런데 이렇게 말하는 학생들이 만든 영상 결과물 중에 오히려 미흡한 작품들이 많습니다. 내용을 전달하는 걸 열심히 한 게 아니라 화려한 효과를 넣는 걸 열심히 했기 때문이죠. 화려한 애니메이션이 들어간 슬라이드 쇼가 좋은 프레젠테이션이 아닌 이유와 똑같습니다. 영상에서 가장 중요한 건 주제입니다. 화려한 특수 효과는 주제를 잘 나타내주기 위한 보조 수단이라는 점을 학생들에게 꼭 이야기해주시길 바랍니다.

부록

디지털 소양을 기르는 인공지능 활용 수업을 위한 '2022 개정 교육과정 기반 AI·디지털 활용 수업 아이디어 노트'와 '학습 결과물 제작을 위한 AI·디지털 도구와 배움주제 예시'는 다음과 같은 과정을 거쳐 구성하였습니다.

1. 2022 개정 교육과정의 교과별 성취기준 중 AI·디지털 활용 수업과연결될 수 있는 성취기준을 교과별로 추출했습니다.
2. 교과별 성취기준을 바탕으로 AI·디지털을 활용해 수업할 수 있는 배움주제를 설정하였습니다. 배움주제는 2022 개정 교육과정에서 강조하는 '삶과 연계한 학습'의 취지를 반영하여 만들었습니다. 또한 아이디어 구상 과정에서 2015 개정 교육과정과의 연계성 및 2022 개정 교육과정의 성취기준 해설, 성취기준 적용 시 고려사항을 참고했습니다.
3. 배움주제와 연결하여 수업에 활용할 수 있는 AI·디지털 도구인 웹사이트, 소프트웨어, 애플리케이션 등을 제시했습니다.
4. 디지털 소양에 대한 개념을 바탕으로 디지털 소양의 요소 중 어떤 요소가 해당 성취기준 및 배움주제에 적합한지를 제시했습니다. 여러 가지 디지털 소양이 적용된 수업의 경우에는 여러 개를 함께 제시하거나 대표적인 것으로 제시했습니다.

여기서는 교과별로 수업 아이디어를 제시하였지만, 교과 간 융합 수업도 얼마든지 가능합니다. 2022 개정 교육과정의 개발 지향점 중 하나는 '교과 간 연계와 통합'입니다. 재구조화하여 운영했을 때 효과를 낼 수 있는 성취기준이 있다면, 교과를 통합하여 수업을 설계하는 게 좋습니다.

1. 2022 개정 교육과정 국어 성취기준별 AI·디지털 활용 수업 아이디어 노트

성취기준	배움주제	AI·디지털 도구	디지털 소양 요소
[2국06-01] 일상의 다양한 매체와 매체 자료에 흥미와 관심을 가진다.	• 인터넷 SNS를 사용한 경험 나누기 • 웹툰, 애니메이션 시청 경험 나누기	• SNS • 네이버 웹툰 • 카카오 웹툰 • 툰툰	디지털 지식과 기술에 대한 이해 역량
[4국06-03] 매체 소통 윤리를 고려하여 매체 자료를 활용하고 공유한다.	• 저작권의 의미 알기 • 개인정보와 초상권을 보호하는 방법 알기	• 한국저작권위원회	
[6국06-02] 뉴스 및 각종 정보 매체 자료의 신뢰성을 평가한다.	• 뉴스 및 매체 자료의 출처 확인하기 • 같은 사건을 다룬 2가지 기사를 비교하기	• 포털 뉴스	디지털 지식과 기술에 대한 윤리의식
[6국06-04] 자신의 매체 이용 양상에 대해 성찰한다.	• 온라인에서의 나의 모습 떠올리기 • 바람직한 디지털 시민의 책임과 역할 떠올리기	• 미리내	
[4국06-01] 인터넷에서 학습에 필요한 다양한 자료를 탐색하고 목적에 맞게 자료를 선택한다.	• 포털사이트에 접속하여 이미지와 영상 탐색하기	• 네이버 • 구글	
[6국06-01] 정보 검색 도구를 활용하여 자신의 목적에 맞는 매체 자료를 찾는다.	• ○○ 관련 사진, 영상 등 매체 자료 검색하기 • ○○ 관련 뉴스 자료 검색하기 • 내가 사용한 검색어 소개하기	• 검색 포털	정보 수집 역량
[4국02-04] 글에 나타난 사실과 의견을 구분하고 필자와 자신의 의견을 비교한다.	• 인터넷 뉴스 기사 읽고 글쓴이의 의견과 내 생각 비교하기	• 포털 뉴스	정보의 비판적 이해 역량
[4국02-05] 글이나 자료의 출처가 믿을 만한지를 판단한다.	• 글이나 자료의 출처 파악하기 • 글이나 자료의 신뢰성 판단하기	• 포털 검색	

부록 251

성취기준	배움주제	AI·디지털 도구	디지털 소양 요소
[6국04-01] 음성 언어 및 문자 언어의 특성을 이해하고 다양한 매체 자료에서 표현 효과를 평가한다.	• 다양한 매체 자료에서 음성 언어와 문자 언어가 사용된 사례 찾기 • 다양한 매체 자료에서 언어의 표현 효과 평가하기	• 유튜브 • 네이버 TV • 인터넷 뉴스	정보의 비판적 평가 역량
[6국06-02] 뉴스 및 각종 정보 매체 자료의 신뢰성을 평가한다.	• 뉴스 등의 자료에서 신뢰성이 중요한 이유 알기 • 뉴스에서 사실과 의견 구분하기 • 뉴스에 등장한 사실이 진짜 사실인지 평가하기 • 뉴스에서 사용된 자료의 출처 확인하기	• 포털 뉴스	
[2국06-02] 일상의 경험과 생각을 글과 그림으로 표현한다.	• 디지털 도구로 그림일기 쓰기 • 디지털 도구로 내가 좋아하는 음식 소개하기	• 오토데스크 스케치북 • 이바스 페인트	
[4국06-02] 매체를 활용하여 간단한 발표 자료를 만든다.	• 디자인 플랫폼을 활용하여 발표 자료 만들기	• 미리캔버스 • 캔바	
[6국03-04] 독자와 매체를 고려하여 내용을 생성하고 표현하며 글을 쓴다.	• 매체의 종류(홈페이지, 온라인 커뮤니티, 이메일, 블로그, SNS 등) 알아보기 • 독자와 매체의 종류에 어울리는 글쓰기	• 네이버 블로그 • 학교 홈페이지 • SNS	새로운 정보와 지식 생산 역량
[6국06-03] 적합한 양식과 수용자의 반응을 고려하여 복합양식 매체 자료를 제작하고 공유한다.	• ○○을 소개하는 복합양식 매체 자료(PPT, 카드 뉴스, 영상 등) 제작하기 • '○○에게 꼭 필요한 ○○' 복합양식 매체 자료(PPT, 카드 뉴스, 영상 등) 제작하기	• 미리캔버스 • 캔바 • 망고보드	
[6국06-03] 적합한 양식과 수용자의 반응을 고려하여 복합양식 매체 자료를 제작하고 공유한다.	• 제작한 복합양식 매체 자료(PPT, 카드 뉴스, 영상 등)를 SNS를 이용해 공유하기	• 인스타그램 • 유튜브 • 카카오톡	새로운 정보와 지식 활용 역량

2. 2022 개정 교육과정 수학 성취기준별 AI·디지털 활용 수업 아이디어 노트

성취기준	배움주제	AI·디지털 도구	디지털 소양 요소
[4수01-01] 큰 수의 필요성을 인식하면서 10,000 이상의 큰 수에 대한 자릿값과 위치적 기수법을 이해하고, 수를 읽고 쓸 수 있다.	· 온라인 쇼핑몰 사이트에서 10,000 이상인 큰 수를 찾아보기	· 쿠팡 · 네이버 쇼핑	정보 수집 역량
[4수03-13] 1분과 1초의 관계를 이해하고, 초 단위까지 시각을 읽을 수 있다.	· 런던, 베이징, 워싱턴의 현재 시각 알기	· vClock	
[4수03-10] 여러 가지 모양의 사각형에 대한 분류 활동을 통하여 직사각형, 정사각형, 사다리꼴, 평행사변형, 마름모를 이해하고, 그 성질을 탐구하고 설명할 수 있다.	· 2D 프로그램을 활용하여 여러 가지 모양의 사각형 분류하기	· 알지오2D	
[6수03-01] 도형의 합동을 이해하고, 합동인 도형의 성질을 탐구하고 설명할 수 있다.	· 파워포인트 도형 그리기 기능을 이용하여 합동인 도형 이해하기	· 파워포인트 · 이바스페인트	
[6수03-02] 실생활과 연결하여 선대칭 도형과 점대칭 도형을 이해하고 그릴 수 있다.	· 도형 대칭 학습 앱을 이용하여 선대칭, 점대칭도형 그리기	· 회전체와 도형의 대칭	디지털 지식과 기술에 대한 이해 역량
[6수03-09] 쌓기나무로 만든 입체도형을 보고 사용된 쌓기나무의 개수를 구할 수 있다.	· 3D 프로그램을 활용하여 건축물, 예술품의 모양 살펴보기	· 알지오3D	
[6수03-10] 쌓기나무로 만든 입체도형의 위, 앞, 옆에서 본 모양을 표현할 수 있고, 이런 표현을 보고 입체도형의 모양을 추측할 수 있다.	· 3D 프로그램을 이용하여 친구가 만든 쌓기나무 추측하기	· 알지오3D	
[6수04-05] 사건이 일어날 가능성을 수로 나타낼 수 있다.	· 온라인 사다리 타기, 제비뽑기에서 내가 선택될 가능성 알기	· 카카오톡 사다리 타기	
[6수04-06] 자료를 이용하여 가능성을 예상하고, 가능성에 근거하여 적절한 판단을 내릴 수 있다.	· 온라인 룰렛에서 최후의 1인이 될 가능성을 말로 표현하기	· Wheels of Names	

성취기준	배움주제	AI·디지털 도구	디지털 소양 요소
[4수03-12] 주어진 도형을 이용하여 여러 가지 모양을 만들거나 채우고 설명할 수 있다.	• 디지털 드로잉 앱을 활용하여 나만의 모양 만들기	• 오토데스크 스케치북 • 이비스 페인트	
[4수04-01] 자료를 수집하여 그림그래프나 막대그래프로 나타내고 해석할 수 있다.	• 엑셀을 활용하여 막대그래프 그리기	• 엑셀 • Visme	새로운 정보와 지식 생산 역량
[4수04-02] 자료를 수집하여 꺾은선그래프로 나타내고 해석할 수 있다.	• 파워포인트를 활용하여 막대그래프 그리기	• 파워포인트 • Visme	
[6수04-02] 자료를 수집하여 띠그래프나 원그래프로 나타내고 해석할 수 있다.	• 엑셀을 활용하여 띠그래프, 원그래프 그리기	• 엑셀	
[6수03-03] 직육면체와 정육면체를 이해하고, 구성 요소와 성질을 탐구하고 설명할 수 있다. [6수03-05] 각기둥과 각뿔을 이해하고 구성 요소와 성질을 탐구하고 설명할 수 있다. [6수03-07] 원기둥, 원뿔, 구를 이해하고 구성 요소와 성질을 탐구하고 설명할 수 있다.	• 3D 프로그램을 활용하여 입체도형의 구성 요소와 성질 이해하기	• 알지오3D • 지오지브라	정보의 비판적 이해 역량
[6수04-03] 탐구 문제를 설정하고, 그에 맞는 자료를 수집, 정리하여 적절한 그래프로 나타내고 해석할 수 있다.	• 우리 반의 분리수거 상황을 그래프로 나타내고 해석하기 • 실생활 문제를 그래프로 나타내고 해석하기 • 환경 개발 vs 환경 보호에 대한 친구들의 생각을 그래프로 나타내고 해석하기	• 엑셀 • 파워포인트 • Visme	정보의 수집 및 비판적 평가 역량

3. 2022 개정 교육과정 사회 성취기준별 AI·디지털 활용 수업 아이디어 노트

성취기준	배움주제	AI·디지털 도구	디지털 소양 요소
[4사01-02] 주변의 여러 장소를 살펴보고 우리가 사는 곳을 더 살기 좋은 곳으로 만드는 방안을 탐색한다.	• 디지털 영상지도를 활용하여 우리가 사는 곳의 여러 장소 살펴보기	• 국토정보플랫폼 국토정보맵 • 구글 어스	
[4사10-01] 여러 지역의 자연환경과 인문환경의 특징을 살펴보고 환경의 이용과 개발에 따른 변화를 탐구한다.	• 포털 검색을 통해 여러 지역의 자연환경, 인문환경 찾아보기	• 포털 검색	디지털 지식과 기술에 대한 이해 역량
[6사09-01] 세계를 표현하는 다양한 공간자료의 특징을 이해하고 지구본과 세계지도에서 위치를 표현하는 방법을 익힌다.	• 디지털 지구본으로 여러 나라 찾아보기 • 디지털 영상 지도에서 위치 표현 방법 익히기	• 구글 어스 • Earth 3D	
[6사10-01] 세계의 여러 지역의 지형 경관을 살펴보고, 이를 통해 다양한 삶의 모습을 이해한다.	• 구글 어스를 이용하여 세계의 자연경관 살펴보기	• 구글 어스	
[4사05-01] 우리 지역을 표현한 다양한 종류의 지도를 찾아보고 지도의 요소를 이해한다.	• 디지털 영상지도를 통해 지도의 구성 요소 이해하기	• 국토정보플랫폼 국토정보맵 • 구글 어스	
[4사05-02] 지도에서 우리 지역의 위치를 파악하고 우리 지역의 지리 정보를 탐색한다.	• 구글 어스를 활용하여 우리 지역의 지리 정보 탐색하기	• 국토정보플랫폼 국토정보맵 • 구글 어스	정보 수집 역량
[4사06-02] 지역의 박물관, 기념관, 유적지 등을 체험하고 지역의 역사를 이해한다.	• 온라인 전시관들을 이용하여 박물관 간접 체험하기	• 온라인 박물관 • 국토정보플랫폼 국토정보맵	

부록 255

성취기준	배움주제	AI·디지털 도구	디지털 소양 요소
[4사09-02] 지역의 자연환경, 역사, 문화, 생산물 등을 알리려는 지역사회의 노력을 알고 관심을 갖는다.	• 우리 지역 축제 홍보 포스트, 광고지를 검색하여 찾아보기 • 우리 지역의 축제 홈페이지 살펴보기	• 지역 축제 홈페이지	정보 수집 역량
[4사10-02] 사례에서 도시의 인구, 교통, 산업 등의 특징을 탐구하고 도시에서의 삶의 모습을 이해한다.	• 포털 검색을 통해 도시의 경관, 생활 모습 찾아보기	• 포털 검색	
[6사01-01] 우리나라 산지, 하천, 해안 지형의 위치를 확인하고 지형의 분포 특징을 탐구한다.	• 디지털 영상자료를 통해 우리나라 주요 지형의 위치와 특징 이해하기	• 국토정보플랫폼 국토정보맵 • 구글 어스	
[6사08-03] 민주주의에서 미디어의 의미와 역할을 이해하고, 여러 가지 미디어의 내용을 비판적으로 분석하여 올바르게 이용하는 태도를 기른다.	• 인터넷 뉴스 기사 비판적으로 살펴보기 • SNS 카드 뉴스 비판적으로 살펴보기 • 진짜 뉴스, 가짜 뉴스 구별하기 • 편파 보도 구별하기	• 포털 뉴스 • 국가인권위원회 • 미리네	정보의 비판적 이해 및 평가 역량
[4사02-03] 지역의 변화상을 보여주는 역사 자료를 분석하여 지역 사람들이 달라진 생활 모습을 파악한다.	• 지역별 문화원 홈페이지를 통해 우리 지역의 변화 자료 분석하기	• 지역별 문화원 홈페이지	정보의 비판적 이해 역량
[4사02-01] 일상 속에서 시간의 흐름을 경험할 수 있는 사례를 살펴보고, 이를 바탕으로 역사의 시간 개념을 이해한다.	• ○○의 디지털 연표 만들기	• 미리캔버스 • 캔바 • 망고보드	새로운 정보와 지식 생산 역량

4. 2022 개정 교육과정 과학 성취기준별 AI·디지털 활용 수업 아이디어 노트

성취기준	배움주제	AI·디지털 도구	디지털 소양 요소
[4과04-01] 동물의 한살이를 직접 관찰하고, 관찰한 내용을 글과 그림으로 표현할 수 있다.	• 영상매체를 활용하여 동물의 한살이 관찰하기	• AR 동물 관찰(scienceall.com) • 동물의 한살이	
[4과06-01] 지구가 대기로 둘러싸여 있음을 알고 지구 표면을 구성하는 육지와 바다의 특징을 비교할 수 있다.	• 구글 어스를 활용하여 지구 표면 설명하기	• 구글 어스	
[4과06-02] 바닷물이 특징을 육지의 물과 비교하고, 바닷가에서 볼 수 있는 다양한 지형을 조사할 수 있다.	• 구글 어스를 활용하여 바닷가에서 볼 수 있는 지형 조사하기	• 구글 어스	
[4과07-02] 큰 소리와 작은 소리, 높은 소리와 낮은 소리를 구분하고 세기와 높낮이가 다른 소리를 낼 수 있다.	• 음악창작 플랫폼을 이용하여 높낮이가 다른 소리 내기	• 크롬 뮤직랩 BandLap	디지털 지식과 기술에 대한 이해 역량
[4과11-02] 화산의 의미와 화산 활동으로 나오는 물질을 알고 화산 활동을 모형으로 표현할 수 있다.	• 3D 컬러링 앱을 이용하여 증강현실로 화산 활동 이해하기	• Quiver	
[4과13-01] 달의 모양과 표면 달이 위상 변화를 관찰하여 밤하늘 관측에 흥미를 가질 수 있다.	• 달 관찰하기 앱을 이용하여 달의 모양과 표면 관찰하기	• Lunescope Moon Viewer	
[4과13-03] 별이 정의를 알고 북극성 주변의 별자리를 관찰할 수 있다.	• 별자리 관찰 앱을 이용하여 증강현실로 별자리 관찰하기	• Star Walk	

성취기준	배움주제	AI·디지털 도구	디지털 소양 요소
[6과01-03] 화석의 생성 과정을 모형으로 설명하고 지구의 과거 생물과 환경을 추리하는 활동을 통해 화석의 가치를 인식할 수 있다.	• 화석 발굴 게임을 이용하여 화석의 가치 인식하기	• 공룡 박물관 • 공룡 공원	
[6과02-02] 빛이 나아가는 현상을 관찰해 빛의 직진, 반사, 굴절하는 성질이 있음을 말할 수 있다.	• AR, VR 앱을 활용하여 빛의 성질 알아보기	• AR 빛 실험실 • 빛 가상실험실2	
[6과04-01] 뼈와 근육의 생김새를 관찰하고 모형을 만들어 움직이는 원리를 설명할 수 있다.	• 실감형 학습 자료를 이용하여 뼈와 근육의 생김새 관찰하기	• 뼈와 근육 • 해부학-3D 아틀라스 • Human Anatomy 3D	디지털 지식과 기술에 대한 이해 역량
[6과12-02] 지구의 자전을 알고, 낮과 밤이 생기는 이유를 설명할 수 있다.	• 시뮬레이션 자료를 활용하여 지구의 자전 이해하기	• 지구와 달 • Earth Rotation	
[6과12-03] 지구의 공전을 알고 계절에 따라 달라지는 별자리를 관찰할 수 있다.	• 시뮬레이션 자료를 활용하여 지구의 공전 이해하기 • 별자리 관찰 앱을 이용하여 별자리의 변화 관찰하기	• 지구와 달 • Earth 3D	
[4과09-03] 자석을 이용하여 일상생활을 편리하게 하는 장치를 설계할 수 있다.	• 디지털 드로잉을 이용하여 자석 장치 설계하기	• 오토데스크 스케치북 • 이비스 페인트	
[4과12-03] 우리 생활에 생명과학이 이용되는 사례를 소개하는 자료를 만들어 공유할 수 있다.	• 디지털 플랫폼을 이용한 생명과학의 활용 사례 소개자료 만들기 • 학습 결과물을 홈페이지 또는 SNS를 활용해 공유하기	• 미리캔버스 • 캔바 • SNS	새로운 정보와 지식 생산 및 활용 역량
[6과03-03] 일상생활에서 용액이 쓰이는 사례를 조사하여 용액의 필요성을 알리는 자료를 만들고 공유할 수 있다.	• 디지털 플랫폼을 이용하여 용액의 필요성을 알리는 발표 자료 만들기 • 학습 결과물을 홈페이지 또는 SNS를 활용해 공유하기	• 미리캔버스 • 캔바	

성취기준	배움주제	AI·디지털 도구	디지털 소양 요소
[6과04-02] 소화, 순환, 호흡, 배설 기관의 구조와 기능을 알아보고 우리 몸이 여러 기관이 서로 관련되어 있음을 설명할 수 있다.	• 디지털 플랫폼을 이용하여 우리 몸이 여러 기관을 설명하는 자료 만들기	• 미리캔버스 • 캔바 • SNS	
[6과05-03] 지속가능한 삶을 위한 과학기술 사례 중 혼합물의 분리를 이용한 장치를 조사하여 공유할 수 있다.	• 디지털 플랫폼을 이용하여 혼합물의 분리 장치에 대한 조사 자료 만들기	• 미리캔버스 • 캔바 • SNS	
[6과09-04] 산성화로 인한 환경의 피해 사례를 소개하는 자료를 만들고 공유할 수 있다.	• 디지털 플랫폼을 이용하여 산성화로 인한 환경의 피해 사례 소개 자료 만들기 • 학습 결과물을 홈페이지 또는 SNS를 활용해 공유하기	• 미리캔버스 • 캔바 • SNS	
[6과11-03] 여러 가지 식물의 특징을 설명하는 자료를 만들어 공유할 수 있다.	• 디지털 플랫폼을 이용하여 식물의 특징을 설명하는 자료 만들기 • 학습 결과물을 홈페이지 또는 SNS를 활용해 공유하기	• 미리캔버스 • 캔바 • SNS	새로운 정보와 지식 생산 및 활용 역량
[6과14-04] 연소 과정에서 생성되는 물질로 인한 생태계의 피해 사례를 수집하고 분석하여 해결책을 제시하고 공유할 수 있다.	• 디지털 플랫폼을 이용하여 연소로 인한 생태계의 피해 사례와 해결 방안에 관한 자료 만들기 • 학습 결과물을 홈페이지 또는 SNS를 활용해 공유하기	• 미리캔버스 • 캔바 • SNS	
[6과16-02] 다양한 진로가 과학과 관련됨을 알고 자신의 진로를 과학과 관련지어 설명할 수 있다.	• 디지털 플랫폼을 이용하여 자신의 진로를 과학과 관련하여 설명하는 자료 만들기	• 미리캔버스 • 캔바 • SNS	

5. 2022 개정 교육과정 미술 성취기준별 AI·디지털 활용 수업 아이디어 노트

성취기준	배움주제	AI·디지털 도구	디지털 소양 요소
[4미01-03] 미적 탐색에 호기심을 갖고 참여하며 자신의 감각으로 대상의 특징을 이해할 수 있다.	• 광고 디자인, 광고 영상에서 미술의 요소 찾기	• 유튜브	디지털 지식과 기술에 대한 이해 역량
[4미02-02] 기본적인 표현 재료와 용구의 특성을 이해하고 사용 방법을 익힐 수 있다.	• 디지털 드로잉 앱에서 활용할 수 있는 채색 도구를 살펴보고 채색 도구의 특성 알기 • 디지털 드로잉 채색 도구의 사용 방법 익히기	• 오토데스크 스케치북 • 이비스 페인트	
[4미02-01] 관찰과 상상으로 아이디어를 떠올려 표현 주제를 구체화할 수 있다.	• 디지털 마인드맵을 사용해 주제 구체화하기 • 디지털 드로잉으로 아이디어 시각화하기	• MindMeister • Xmind	
[4미02-05] 미술과 타 교과를 관련지어 주제를 표현하는 데 흥미를 가질 수 있다.	• 국어, 수학, 사회 및 과학 교과의 탐구 주제와 연결하여 주제 표현하기	• 미리캔버스 • 캔바	
[6미01-01] 다양한 감각과 매체를 활용하여 자신과 대상을 탐색할 수 있다.	• 나에 관한 이야기를 웹툰으로 나타내기 • 나에 관한 이야기를 디지털 그림포로 나타내기	• 미리캔버스 • 캔바	
[6미02-02] 디지털 매체 등 다양한 표현 재료와 용구를 탐색하여 작품 제작에 활용할 수 있다.	• 디지털 매체(인터넷, 태블릿PC, 스마트폰 등)를 활용하여 주제 표현하기 • AI 플랫폼을 이용하여 명화 따라 그리기	• 미리캔버스 • 캔바 • 구글아트앤컬처	새로운 정보와 지식 생산 역량
[6미02-05] 미술과 타 교과의 내용과 방법을 융합하는 활동을 자유롭게 시도할 수 있다.	• 국어, 수학, 사회 및 과학 교과 탐구하기 주제와 연결하여 주제 표현하기	• 미리캔버스 • 캔바	
[6미03-04] 다양한 방법을 활용하여 작품을 감상하고 작품에 관한 서로 다른 관점을 존중할 수 있다.	• 디지털 미술관을 이용하여 작품 감상하기 • 협업 플랫폼을 사용하여 친구들의 작품 감상하기	• 디지털 미술관 • 패들렛 • 구글슬라이드	

6. 2022 개정 교육과정 실과 성취기준별 AI·디지털 활용 수업 아이디어 노트

성취기준	배움주제	AI·디지털 도구	디지털 소양 요소
[6실01-02] 건강한 발달을 위한 자기 관리 방법을 탐색하고 일상생활 속에서 올바른 생활습관과 태도를 갖도록 계획하여 실천한다.	• ○○○이의 디지털 기기 사용 규칙 만들기	• 미리캔버스 • 캔바	
[6실01-04] 균형 잡힌 식사의 중요성과 조건을 탐색하여 자신의 식습관을 점토해보고 건강한 식습관 형성에 적용한다.	• 건강관리 앱을 활용하여 균형 잡힌 식사 계획 세우기 • 건강관리 앱을 활용하여 나의 식습관 검토하기	• 밀리그램 • 인아웃 • 삼성헬스 • ROTHY	디지털 지식과 기술에 대한 이해 역량
[6실01-05] 옷의 기능을 이해하여 자신의 옷차림을 살펴보고 건강하고 적절한 옷 입기를 실천한다.	• 아바타에게 건강하고 적절한 옷 입히기	• 스타일봇 • 드레스업메이커	
[6실02-01] 시간이나 용돈과 같은 생활자원이 제한되어 있음을 이해하고 생활자원의 사용가치를 높이는 방법을 탐색한다.	• 시간관리 앱을 활해 효율적으로 시간 관리하기 • 용돈관리 앱을 활용해 효율적으로 시간 관리하기	• 루티너리 • 네이버 가계부 • 용돈 생각 • 하루살이	
[6실04-03] 제작한 발표 자료를 사이버 공간에 공유하고 건전한 정보기기의 활용을 실천한다.	• 모둠 발표 자료를 온라인 공간에 공유하기 • 개인정보 및 저작권 보호 이해하기	• SNS • 패들렛	디지털 지식과 기술에 대한 윤리의식
[6실01-06] 가정일을 수행하는 과정에서 일의 가치와 중요성을 이해하고 가정생활을 유지하는 데 필요한 가정일의 종류를 탐색한다.	• 가정일 보여드리기	• 캡컷 • 키네마스터 • View	
[6실02-05] 음식 조리과정을 체험하고 자기 간식이나 식사를 스스로 마련하는 식생활을 실천한다.	• 음식 조리하기 보여드리기	• 캡컷 • 키네마스터	새로운 정보와 지식 생산 역량
[6실04-06] 로봇의 용향 기술을 이해하고 간단한 로봇을 만들어 코딩과 프로그램을 적용하여 동작시키는 체험을 통해 용향 기술의 가치를 인식한다.	• 블록 코딩 체험하기	• 엔트리 • ArduBlock • mBlock	

※ 2022 개정 교육과정 실과의 [6실05-01] ~ [6실05-05]의 성취기준은 디지털 소양과 직접 연관된 내용이므로 별도의 기술을 생략함.

부록 261

7. 2022 개정 교육과정 도덕 성취기준별 AI·디지털 활용 수업 아이디어 노트

성취기준	배움주제	AI·디지털 도구	디지털 소양 요소
[4도01-03] 성실한 생활의 모범 사례를 탐색하고 시간 관리를 위한 생활을 계획하여 지속적인 자기 성장을 모색한다.	• 시간관리 앱을 활용해 효율적으로 시간 관리하기	• 마이루틴 • 스마트폰 관리 • 도트타이머	디지털 지식과 기술에 대한 이해 역량
[6도01-01] 자주적인 삶에 대한 이해를 바탕으로 자신의 생활계획을 세우고 실천하여 주체적인 삶의 태도를 기른다.	• 습관 형성 앱을 활용하여 자기주도적인 생활 습관 설계하기 • 습관 형성 앱을 활용하여 나쁜 습관 줄이기 • 습관 형성 앱을 활용하여 규칙적으로 운동하기	• 루티너리 • 습관의 숲 • Loop 습관제조기	
[6도01-02] 생활 습관에 대한 성찰을 통해 자기 생활을 점검하고 올바른 계획을 세워 이를 실천한다.			
[6도02-03] 인간과 인공지능 로봇 간의 다양한 관계를 파악하고 도덕에 기반을 둔 관계 형성의 필요성을 탐구한다.	• 인공지능 로봇의 미래 떠올리기 • 인간과 인공지능 로봇의 관계 떠올리기 • 디지털시대에 필요한 윤리 고민하기	• 유튜브	
[4도03-02] 디지털 사회에서 발생하는 다양한 문제를 살펴보고 해결 방안을 탐구하여 정보통신 윤리에 대한 민감성을 기른다.	• ○○○의 스마트폰 이용 규칙 만들기 • 개인정보 유출의 심각성 이해하기 • 온라인상에서 대화 예절 배우기 • 게임 중독의 심각성 이해하기 • 디지털 교포증의 심각성 이해하기 • 스마트폰 과몰입, 과의존 예방 캠페인하기	• 유튜브	디지털 지식과 기술에 대한 윤리의식

8. 2022 개정 교육과정 영어 성취기준별 AI·디지털 활용 수업 아이디어 노트

성취기준	배움주제	AI·디지털 도구	디지털 소양 요소
[4영01-08] 다양한 매체로 표현된 담화나 문장을 흥미를 가지고 듣거나 읽는다.	· 영어 말하기 앱으로 듣고 읽기	· 스피 · Cake · 말해보카 · 엣시영어 플랭 · 시뮬레이션 영어 회화	디지털 지식과 기술에 대한 이해 역량
[6영01-02] 간단한 단어, 어구, 문장을 강세, 리듬, 억양에 맞게 소리 내어 읽는다.	· 강세, 리듬, 억양에 맞게 상대에 의견을 묻는 표현 소리 내어 읽기 · 강세, 리듬, 억양에 맞게 ( ) 표현 소리 내어 읽기		
[6영02-01] 간단한 단어, 어구, 문장을 강세, 리듬, 억양에 맞게 말한다.	· 강세, 리듬, 억양에 맞게 상대에 의견을 묻는 표현 말하기 · 강세, 리듬, 억양에 맞게 ( ) 표현 말하기		
[6영01-08] 다양한 매체로 표현된 담화나 글을 통해 자신감을 가지고 듣거나 읽는다.	· 영어 회화 듣기 앱을 활용하여 이야기 듣기		
[4영01-05] 쉽고 간단한 단어, 어구, 문장의 의미를 이해한다.	· 단어, 어구, 문장을 게임으로 익히기 · 알맞은 단어 선택하며 영어 퀴즈 풀기 · 주제와 관련된 단어와 그림 연결하기	· Games to learn English	
[4영02-09] 적절한 매체나 전략을 활용하여 창의적으로 의미를 표현한다.	· 사진, 그림, 매체 등을 이용해 단어나 어구 쓰기 · 사진, 그림, 매체 등을 이용해 간단한 문장 쓰기	· 미리캔버스 · 캔바 · 캡컷 · 카네마스터 · 브루	새로운 정보와 지식 생산 역량

9. 2022 개정 교육과정 음악 성취기준별 AI·디지털 활용 수업 아이디어 노트

성취기준	배움주제	AI·디지털 도구	디지털 소양 요소
[6음01-01] 바른 주법과 표현 기법을 익혀 노래나 악기로 느낌을 담아 연주한다. [6음01-04] 간단한 형태의 연주를 준비하여 생활 속 음악활동에 참여한다.	• 앱을 활용하여 악기 연주하기	• Perfect Piano • 가상 피아노 • 피아노 아카데미 • Guitar Solo • Keylimba • 국악놀이터 • Real Drum	디지털 지식과 기술에 대한 이해 역량
[4음03-01] 느낌과 상상을 즉흥적으로 표현하며 음악에 대한 흥미를 갖는다.	• 악기, 물건 등을 이용하여 즉흥 표현하기	• 크롬 뮤직랩 • 구글 두들 바흐	
[6음03-01] 느낌과 아이디어를 떠올려 여러 매체나 방법으로 자신감 있게 표현한다.	• 악기, 물건, 매체 등을 이용하여 음악적 느낌과 아이디어 표현하기 • 인공지능 캐릭터를 이용해 오페라 작품 만들기 • 가수의 노래 따라 부르며 원곡자와의 유사성 비교하기	• 우리 앙상블 • 구글 두들 바흐 • BLOB OPERA • Freddiemeter	
[6음03-03] 음악의 요소를 활용하여 간단한 음악을 만든다.	• 음악의 요소를 생각하여 작곡하기 • 인공지능과 협주하기 • 인공지능과 멜로디 만들기	• 마에스트로 • AI Duet • Melody mixer	새로운 정보와 지식 생산 역량, 정보와 지식 활용 역량
[6음03-04] 생활 주변 상황이나 이야기를 활용하여 음악을 만들며 열린 태도를 갖는다.	• 우리 반 뮤직 드라마 만들기 • 나의 이야기를 담아 뮤직비디오 만들기	• 뮤직비디오 메이커 • 캡컷 • 키네마스터 • 브루	

디지털 결과물 제작을 위한 AI·디지털 도구와 배움주제 예시

번호	디지털 결과물	AI·디지털 도구	배움 주제
1	디지털 포스터	미리캔버스, 캔바	시화 만들기
2	디지털 보드게임	구글 슬라이드	한국사 보드게임 만들기
3	디지털 초대장, 카드	미리캔버스, 캔바	학습 발표회 초대장, 카드 만들기
4	디지털 쿠폰	미리캔버스, 캔바	학습 보상 쿠폰 만들기
5	학급 티셔츠	미리캔버스, 캔바	학급 티셔츠 디자인하기
6	학급 로고	미리캔버스, 캔바	학급 로고 디자인하기
7	브로셔(안내장)	미리캔버스, 캔바	학습 결과물 소개 브로셔 만들기
8	뉴스레터(소식지)	미리캔버스, 캔바	우리 반 소개 뉴스레터 만들기
9	디지털 음악	크롬 뮤직랩	애니메이션 ost, 동요 연주하기
10	디지털 지도	구글 어스, 패들렛	우리 고장 맛집, 여행 계획 세우기
11	웹툰	Storyboard That	과학의 날 웹툰 만들기
12	카카오톡 프로필	오토데스크 스케치북, Avatar Maker	나를 나타내는 프로필 사진만들기
13	디지털 발표 자료	미리캔버스, Keynote, Slidesgo	민주주의 발전 과정 만들기
14	뉴스	키네마스터, 플루닛스튜디오	우리 학교, 학급 뉴스 만들기
15	스톱모션	Stop Motion Studio	달의 위치와 모습 변화 관찰하기
16	아바타	제페토, 젭, 게더타운	상황에 알맞은 옷차림 만들기
17	가상공간	제페토, 젭, 게더타운	학습 놀이터 만들기
18	이북(E-BOOK)	부크크, 교보 퍼플	학급 문집 만들기
19	방 탈출 게임	구글 폼	학습 내용 복습, 학교 탈출 퀴즈 만들기
20	팟캐스트(오디오클립)	팟방, 오디오 클립	초등 역사 상식 팟캐스트 만들기
21	인포그래픽	미리캔버스, 캔바	학교생활 인포그래픽 만들기
22	스마트폰 배경 화면	미리캔버스, 캔바	나를 나타내는 배경 화면 만들기
23	책 표지	미리캔버스, 캔바	학급 문집 만들기

24	폰트	Calligraphr	나만의 폰트 만들기
25	라이브 쇼핑	유튜브 라이브	친환경 물품 판매하기
26	뮤직비디오	키네마스터, 캡컷, 비디오노트	일이 일어난 순서에 맞춰 비디오 제작하기
27	디지털 드로잉	오토데스크 스케치북, Autodraw	친구 얼굴 그리기, 우리 가족 그리기
28	인스타그램 스토리	인스타그램	결과물, 물건 홍보하기
29	인스타그램 게시물	인스타그램	결과물, 물건 홍보하기
30	설명 영상	키네마스터, 캡컷	중간놀이, 점심시간 놀이 설명하기
31	영상 편지	키네마스터, 캡컷	어버이날 영상 편지 만들기
32	카드 뉴스	미리캔버스, 캔바, 카드 뉴스 메이커	미디어 사용 규칙 만들기
33	유튜브 재생 목록	유튜브	영화, 유튜브 채널 추천하기
34	음악 재생 목록	Soundcloud	집중력을 높여주는 음악 추천하기
35	영화	키네마스터, 캡컷	배리어 프리 영화 제작하기
36	온라인 게임	Baamboozle	학습 내용 확인 퀴즈 대결하기
37	애플리케이션	스마트메이커	실생활 문제 해결하기
38	엔트리 명령서	엔트리	요리봇 제작하기
39	엔트리 게임	엔트리	쿠키런 게임 제작하기

자료 출처: 2022©PBL. PLANET

참고문헌

Alec fisher(2001). Critical Thinking: An Introduction. Cambridge University Press. 최원배 역(2018). 피셔의 비판적 사고[제2판]. 서광사.

Cassie Hague & Sarah Payton(2010). Digital literacy across the curriculum. Futurelab handbook.

Edgar Dale(1947). Audio-Visual Methods in Teaching. Dryden Press.

Holdsworth Sarah, Turner Michelle & Scott-Young Christina M.(2018). Not drowning, waving. Resilience and university: A student perspective. Studies in Higher Education. 1-17.

Holmes, W., Bialik, M., & Fadel, C. (2021). Artificial Intelligence In Education: Promises and Implications for Teaching and Learning. 정제영, 이선복 역(2021). 인공지능시대의 미래교육. 박영스토리.

Interbrand(2012). Best Global Brands 2012. Interbrand. (interbrand.com/best-brands)

Interbrand(2022). Best Global Brands 2022. Interbrand. (interbrand.com/best-brands)

Maryam Mohsin(2023). 10 YOUTUBE STATS EVERY MARKETER SHOULD KNOW IN 2023 [INFOGRAPHIC]. OBERLO. (www.oberlo.com/blog/youtube-statistics)

Media Literacy Now(2023). What is media literacy?. Media Literacy Now. (medialiteracynow.org/challenge/what-is-media-literacy)

Michael B. Horn & Heather Staker(2011). Blended: Using Disruptive Innovation to Improve Schools. Jossey-Bass. 장혁, 백영경 역(2021). 블렌디드. 에듀니티.

OECD(2013). OECD skills outlook 2013: First results from the survey of adult skills. (OECD iLibrary 사이트 참조)

Paul Gilster(1997). Digital Literacy. Wiley. 김정래 역(1999). 디지털 리터러시. 해냄.

Renee Hobbs(2015). Deepening the Practice of Digital Literacy. media education lab. (mediaeducationlab.com/deepening-practice-digital-literacy)

Renee Hobbs(2017). Create to Learn: Introduction to Digital Literacy. Wiley-Blackwell. 윤지원 역(2021). 디지털·미디어 리터러시 수업. 학이시습.

Sonia Livingstone(2004). What is media literacy?. Intermedia, 32(3), 18-20.

UNESCO(2023). How can artificial intelligence enhance education?. UNESCO. (unesco. org/en/articles/how-can-artificial-intelligence-enhance-education)

교육부(2015). 2015 개정 교육과정 총론 해설: 초등학교.

교육부(2019). 학교 미디어 교육 내실화 지원 계획.

교육부(2022). 과학과 교육과정. 교육부 고시 제2022-33호[별책 9].

교육부(2022). 국어과 교육과정. 교육부 고시 제2022-33호[별책 5].

교육부(2022). 사회과 교육과정. 교육부 고시 제2022-33호[별책 7].

교육부(2022). 수학과 교육과정. 교육부 고시 제2022-33호[별책 8].

교육부(2022). 2022 초·중등학교 교육과정 총론. 교육부 고시 제2022-33호[별책 1].

교육부(2023). AI 디지털교과서 추진방안(안).

교육부(2023). 디지털 기반 교육혁신 방안.

김미량 외(2023). 인공지능시대의 정보교육론. 교육과학사.

김태형 & 이영준(2022). 초등 인공지능 교육 프로그램 연구 동향 분석. 한국컴퓨터교육학회 학술발표대회논문집, 26(1), 285-287.

김효해(2021). 생수 주문해놓고 "너무 싱겁다" 악성 리뷰… 별만 봐도 가슴 쓸어내리는 자영업자들. 매일경제. (mk.co.kr/news/business/9990770)

디지털리터러시교육협회(2022). 디지털 리터러시란. (디지털리터러시교육협회 사이트 참조)

문화체육관광부(2018). 2017 국민 독서실태 조사.

문화체육관광부(2020). 2019 국민 독서실태 조사.

문화체육관광부(2022). 2021 국민 독서실태 조사.

미디어통계포털(2020). 스마트폰 보유율 91% 초등학생 및 고령층의 보유율 꾸준히 상승. (stat.kisdi.re.kr/kor/board/BoardList.html?board_class=BOARD17&srcContClass=STRP002)

정현선 & 장은주(2021). 2022 개정 교육과정의 미디어 리터러시 교육 강화 방안. 교육부·한국청소년정책연구원.

진영태(2021). '로블록스'로 억대 소득자 급증한다… 작년에만 300명 넘어. 매일경제. (mk.co.kr/news/it/10101053)

추병완 외(2021). 미디어 리터러시 교육의 이론과 실제. 한국문화사.